Michael Kraus

Die neue
Vollwertküche
mit ätherischen Ölen

Verlag Simon & Wahl

Neue Vollwertküche mit ätherischen Ölen

1. – 5. Tausend   September 1989
6. – 12. Tausend   Juni 1991
© Verlag Simon und Wahl, Lindenstr. 14, 8079 Pfalzpaint
Alle Rechte vorbehalten

Grafik: Titel und Zeichnungen: Anna Lauf
Satz: Münzberg Verlag, G. Kurz, Ingolstadt
Druck: Druckerei Rumpel, Nürnberg

Alle Informationen und Rezepte des Buches sind
gewissenhaft geprüft. Für etwaige Fehler übernimmt der
Verlag keine Haftung

ISBN 3-923330-11-1

Inhaltsverzeichnis

„Ganz besonderen Dank Sabine
für die Auswahl der Rezepte
und Asupta für ihre grandiose
Herz-, Kopf- und Fingerarbeit."

Der Verfasser

Dieses Buch erschließt dem Leser ausführlich die Anwendung von ätherischen Ölen zum Würzen von vegetarischen Vollwertgerichten.

Diese Art des Würzens ist vollkommen neu; jedem Hobby- und Profikoch eröffnen sich ungeahnte Horizonte.

Mit ein paar wenigen Tropfen der Essenzen zaubern Sie von den exotischen Gerichten (Cumin-, Ingwer-, Cardamom-, Pimentöl...), bis hin zu den fruchtigsten Nachspeisen (Mandarinen-, Limette-, Pampelmuse-, Orangenöl...), ganz neue Geschmackserlebnisse.

Auf diesem noch unerschlossenen Terrain wird das Kochen zu einer Abenteuer- und Entdeckungsreise in die Zauberwelt der Aromen und Essenzen.

Dem Leser eine gute Reise...

Was sind ätherische Öle?

Ätherische Öle sind die Essenz, die Seele der jeweiligen Pflanze. Sie geben der Pflanze ihre Eigenart, ihre Unverwechselbarkeit. Außerdem ermöglichen sie die Kommunikation der Pflanze mit ihrer Umwelt. Bienen und andere Insekten werden durch den Duft der ätherischen Öle angelockt und Schädlinge ferngehalten. Oftmals ist es für den Menschen ähnlich; die Pflanze, die durch ihr ätherisches Öl am meisten anziehend wirkt, hat auch die größte Heilwirkung für ihn.

Je nach Pflanzenart werden die ätherischen Öle aus den unterschiedlichsten Pflanzenteilen gewonnen. Bei den in diesem Buch beschriebenen Ölen: Blätter und Blüten bei Origanum, Thymian, Salbei. Rinde bei Zimt. Samen bei Anis, Fenchel, Piment, Pfeffer, Cardamom. Früchte bei Muskatnuß, Wacholderbeere. Fruchtschale bei Zitrone, Orange, Bergamotte.

Die hier verwandten Öle sind auf zwei Arten gewonnen; die Zitrusschalenöle Zitrone, Orange und Bergamotte durch Kaltpressung der Fruchtschalen. Alle anderen Öle werden durch Wasserdampfdestillation im Vakuum, bei 40 - 50^0 C gewonnen. Dies sind die schonendsten und werterhaltendsten Gewinnungsverfahren.

Warum ätherische Öle als Speisegewürze?

Zwangsläufig taucht gleich zu Beginn die Frage auf:
Warum soll ich mich von den gewohnten getrockneten Streugewürzen auf ätherische Öle umstellen?

Darauf gibt es neun eindeutige Antworten:

1. Die Würzkraft der ätherischen Öle ist um ein vielfaches höher.

2. Die Würzqualität ist viel besser. Die Speisen werden vom Aroma durchdrungen, was die Nahrung noch viel verdaulicher macht.

3. Die ätherischen Öle sind quasi unbegrenzt haltbar und verlieren, sachgemäß gelagert, über Jahre nichts von ihrer Würzkraft, während die Trockengewürze ihre Wirksamkeit schon sehr früh verlieren. Besonders schnell bei den fertiggemahlenen Gewürzen.

4. Die ätherischen Öle sind gegenüber den Streugewürzen durch ihre minimale Dosierung und ihre lange Haltbarkeit um ein vielfaches billiger.

5. Die ätherischen Öle sind platzsparend. Das ganze Würzspektrum paßt auf ein kleines Regal.

6. Ätherische Öle sind frei von Pestiziden, Schwermetallrückständen, anderen Schadstoffen und Radioaktivität; wohingegen die konventionellen Trockengewürze oft erhebliche Belastungen aufweisen. Beim Import werden Kräuter oft begast, um einen Schädlingsbefall zu vermeiden.
Wie durch ein Wunder gehen beim Destillationsvorgang keine Schadstoffe und Radioaktivität ins Destillationsprodukt über; diese Stoffe bleiben zurück!
Dies ist ein wunderbares Sinnbild; der Körper der Pflanze kann belastet sein, aber die „Seele" bleibt davon unberührt.

7. Durch die ätherischen Öle wird eine „Vergeistigung" der Speisen vollzogen. Streugewürze bleiben mehr auf der materiellen Ebene

8. Durch das Würzen mit ätherischen Ölen betreiben Sie auf eine leichte und spielerische Art Aromatherapie. Es ist die schönste Verbindung, durch eine so grundlegende Tätigkeit wie Essen und Trinken, etwas für die Gesundheit zu tun. Das auf der Pizza verwendete Majoran- und Thymianöl wirkt auch gegen Entzündungen. Das Cardamom- und Ingweröl im Kuchen wirkt verdauungsfördernd, durchwärmend und Fäulnisgärungen entgegen.

9. Vitamine und Wirkstoffe bleiben in den ätherischen Ölen erhalten, während die Trockengewürze diese sehr schnell verlieren.

Die Bedeutung des Würzens
bei der Nahrungsbereitung

Die hier beschriebenen Gewürz- und Aromaöle geben den Speisen nicht nur besondere geschmackliche Noten, sondern sie wirken auch unterstützend, stärkend und heilend auf den gesamten Körper. Der größte Teil der Würzöle dieses Buches hat eine anregende Wirkung auf die verschiedensten Drüsen des menschlichen Körpers. So wird die Speichel-, Magen- und Gallensaftproduktion stark gefördert, was eine appetitanregende und verdauungsfördernde Wirkung hat. Die Nahrung wird freudiger gegessen und besser verwertet.

Die Würzöle vermögen aber auch die unangenehmen Nebenwirkungen des Essens und Trinkens aufzuheben. Blähungen, Aufstossen, Gärungserscheinungen, Völlegefühl und Verstopfung können günstig beeinflußt oder vermieden werden.

Darüberhinaus führen sie dem Körper noch lebensnotwendige Vitalstoffe zu.

Ferner ist fast allen Würzölen gemeinsam, daß sie leicht entwässernd wirken, also die Ausscheidung von angestautem Wasser bewirken, was besonders wichtig für Menschen mit Herz- und Nierenbeschwerden sein kann. Sie helfen außerdem das Blut dünnflüssig zu machen oder zu erhalten, wodurch die Gefahr von Herzinfarkten und Blutstauungen verringert wird.

Das alles sind Beispiele für die positiven „Nebenwirkungen" beim Benutzen der ätherischen Öle als Speisegewürze.

Vor den Beginn des Rezepteiles möchte ich die Beschreibung der einzelnen Würz- und Aromaöle stellen, um nochmals ganz deutlich zu machen, auf welch tiefgreifende Weise die durch die Nahrung aufgenommenen Öle auf den Organismus einwirken.

Alphabetische Beschreibung der gängigsten „ätherischen Speiseöle":

Anis	Koriander	Pfeffer
Basilikum	Kümmel	Pfefferminz
Beifuß	Lorbeer	Piment
Bergamotte	Macis	Rosmarin
Bohnenkraut	Majoran	Salbei
Cumin	Mandarine	Sellerie
Dill	Muskatnuß	Thymian
Estragon	Nelke	Wacholderbeere
Fenchel	Orange	Zimt
Ingwer	Origanum	Zitrone
Kardamom	Petersilie	

Anis

Pflanzenfamilie: Doldenblütler
Vorkommen: Mittel- und Südeuropa
Gewinnung: Wasserdampfdestillation
Pflanzenteil: Samen

Heilwirkungen:
Drüsenfunktionsanregend, magenwärmend, appetitanregend, verdauungsfördernd, milchsekretionsfördernd, schleimlösend, blähungstreibend, krampflösend, beruhigend.

Bei:
Husten, Heiserkeit, Magen- und Darmerkrankungen, Kopfschmerzen, Bronchitis, Menstruationsbeschwerden.

Verwendung in der Küche:
Weihnachtsgebäck (Anisplätzchen); Bestandteil von Pfefferkuchengewürz; Brotgewürz; Süßspeisen; Spirituosen - Ouzo, Pernod; Milchmixgetränke; Milch- und Obstsuppen.

Basilikum

Pflanzenfamilie: Lippenblütler
Vorkommen: Mittel- und Südeuropa
Gewinnung: Wasserdampfdestillation
Pflanzenteil: Blätter und Blüten

Heilwirkungen:
Nervenstärkend, nebennierenanregend, krampflösend, magenstärkend, darmreinigend.

Bei:
Gicht, Lähmungserscheinungen, Migräne, Darminfektionen, Verdauungsschwäche, Magenkrampf, Menstruationsbeschwerden, Schlafstörungen, Nierenträgheit, geistiger Überanstrengung.

Verwendung in der Küche:
Eiergerichte; Quarkgerichte; Salate (Gurken- und Tomatensalat);
Spaghetti mit Basilikum; Pizza; Hülsenfrüchte; Soßen; Gemüsege-
richte; Tomatensuppe; pikante Cocktails.

Beifuß

Pflanzenfamilie: Korbblütler
Vorkommen: Mitteleuropa
Gewinnung: Wasserdampfdestillation
Pflanzenteil: Blätter und Blüten

Heilwirkungen:
Stärkend, anregend, appetitanregend, verdauungsfördernd,
krampflösend, menstruationsfördernd.

Bei:
Unfruchtbarkeit, Frauenleiden, Nervenschwäche, Epilepsie, Hyste-
rie.

Verwendung in der Küche:
Gemüsesuppen; Kohlgerichte; Kräutersuppe; Salate; Gemüsegerichte; zum Beizen.

Bergamotte

Pflanzenfamilie: Rautengewächse
Vorkommen: Südeuropa
Gewinnung: Kaltpressung
Pflanzenteil: Schale

Heilwirkungen:
Anregend, erfrischend, tonisierend, antiseptisch, fiebersenkend,
schmerzlindernd, krampflösend.

Bei:
Blähungen, Konzentrationsschwäche, Antriebslosigkeit, Unterleibsinfektionen, Darminfekten, Atemwegsinfekten, Appetitlosigkeit, Halsentzündung.

Verwendung in der Küche:
Exotische Gerichte; Nachspeisen; Teearomatisierung (Earl Grey Tee); Müsli; Joghurt; Obstsalate; Cocktails.

Bohnenkraut

Pflanzenfamilie: Lippenblütler
Vorkommen: Mittel- und Südeuropa
Gewinnung: Wasserdampfdestillation
Pflanzenteil: Blätter und Blüten

Heilwirkungen:
Nebennierenanregend, krampflösend, antiseptisch, wurmtreibend, verdauungsfördernd, schleimlösend.

Bei:
Verdauungsbeschwerden, Magenschwäche, geistiger Erschöpfung, Krämpfen, Durchfall, Bronchitis, Asthma, sexueller Schwäche.

Verwendung in der Küche:
Hülsenfrüchte; Kräutersuppen; alle Kohlarten; Kartoffel- und Pilzgerichte; für verschiedene Salate (Gurken, grüne Bohnen, Kopfsalat); Aufläufe; Ragouts.

Cumin

Pflanzenfamilie: Doldenblütler
Vorkommen: Indien
Gewinnung: Wasserdampfdestillation
Pflanzenteil: Samen

Heilwirkungen:
Appetitanregend, verdauungsfördernd, krampflösend, menstruationsfördernd, milchbildend.

Bei:
Magen- und Darmbeschwerden, Appetitlosigkeit, Darmparasiten, Menstruationsbeschwerden.

Verwendung in der Küche:
Indische Gerichte; Tomaten-Paprika-Gurken-Salat; Reisgerichte; Pilzgerichte; Spinatauflauf; pikanter Quark.

Dill

Pflanzenfamilie: Doldenblütler
Vorkommen: Mitteleuropa
Gewinnung: Wasserdampfdestillation
Pflanzenteil: Blätter und Blüten

Heilwirkungen:
Antiseptisch, krampflösend, blähungstreibend, verdauungsfördernd, Milchausscheidung fördernd.

Bei:
Koliken, Verdauungsbeschwerden, Blähungen, Magen- und Darmerkrankungen.

Verwendung in der Küche:
Kräuterbutter; Quark; Dillsoße mit Kapern; Aufläufe; Gewürz für Blatt-, Gurken- und Tomatensalat; als Einlegegewürz für Gurken

und süßsaures Gemüse; Zusatz zu schwerverdaulichen Gerichten; Rührei, Kartoffelgerichte; Pilzgerichte.

Estragon

Pflanzenfamilie: Korbblütler
Vorkommen: Mitteleuropa
Gewinnung: Wasserdampfdestillation
Pflanzenteil: Blätter und Blüten

Heilwirkungen:
Stimulierend, verdauungsfördernd, appetitanregend, krampflösend, antiseptisch.

Bei:
Magenbeschwerden, Schluckauf, Rheuma, Blähungen, Schwächezuständen, langsamer Verdauung, Darmparasiten.

Verwendung in der Küche:
Zum Einmachen; Kräuteressig; Marinaden; Ragout; Suppen; versch. Salate (Chicoree, Tomaten, Gurken, Pilz-, Mais- und Kopfsalate); Gemüsegerichte; Quarkspeisen; Mayonnaisen und Soßen; Rührei, Kartoffelgerichte; pikanter Reis; grüne Bohnen.

Fenchel

Pflanzenfamilie: Doldenblütler
Vorkommen: Nord- und Mitteleuropa
Gewinnung: Wasserdampfdestillation
Pflanzenteil: Samen

Heilwirkungen:
Magen- und darmberuhigend, appetitanregend, blähungstreibend, schmerzstillend, Milchabsonderung steigernd, schleimlösend, harntreibend, entwässernd, verdauungsfördernd.

Bei:
Husten, Keuchhusten, Asthma, Lungenerkrankungen, Bronchialkatarrh, Magen- und Darmkatarrh, Koliken, Blähungen, Erkältun-
gen, Menstruationsbeschwerden.

Verwendung in der Küche:
Gemüsesuppen; alle schwerverdaulichen Speisen; Brot; Teil vom
Pfefferkuchengewürz; Likörzusatz; zum Einmachen und Gurken-
einlegen; Marinaden; pikanter Quark.

Ingwer

Pflanzenfamilie: Ingwergewächse
Vorkommen: Ceylon, Indien
Gewinnung: Wasserdampfdestillation
Pflanzenteil: Wurzel

Heilwirkungen:
Appetitanregend, magenstärkend, durchwärmend, anregend, fiebersenkend, verdauungsfördernd.

Bei:
Magen- und Darmbeschwerden, Blähungen, Appetitlosigkeit,
schlechter Durchblutung, Rheuma, Kältegefühl, Impotenz.

Verwendung in der Küche:
Kompotte; Weihnachtsbäckerei; Milchsüßspeisen; Suppen und
Soßen; exotische Gemüsegerichte; pikante Reisgerichte; Pilzge-
richte; Obstsalat; süßer Quark; zum Einlegen von Gurken, Kürbis,
Quitten, Birnen etc.; in schwarzem Tee.

Kardamom

Pflanzenfamilie: Ingwergewächse
Vorkommen: Indien, Ceylon
Gewinnung: Wasserdampfdestillation
Pflanzenteil: Samen

Heilwirkungen:
Antiseptisch, anregend, durchwärmend, krampflösend, appetitanregend, magenstärkend, verdauungsfördernd.

Bei:
Magen- und Darminfektionen, Antriebslosigkeit, geistiger- und körperlicher Erschöpfung, Erstarrungs- und Kältegefühlen.

Verwendung in der Küche:
Likörbereitung; indische Gerichte; durchwärmender Tee (schwarzer Tee, Milch); exotische Süßspeisen; Kürbisgerichte; Gewürzlebkuchen; Honigkuchen; Stollen.

Koriander

Pflanzenfamilie: Doldenblütler
Vorkommen: Osteuropa, Ceylon, Indien
Gewinnung: Wasserdampfdestillation
Pflanzenteil: Samen

Heilwirkungen:
Anregend, durchwärmend, magenstärkend, verdauungsfördernd, Gedächtnis fördernd.

Bei:
Magenschwäche, Verdauungsbeschwerden, Verstopfung, Blähungen, Appetitlosigkeit, rheumatischen Beschwerden, Erschöpfungszuständen.

Verwendung in der Küche:
Gemüsesuppen; Soßen; Reisgerichte; Brotgewürz; zum Einlegen von Gurken und anderen Gemüsen; Kohlgerichte; Rote Bete; Backwaren; Spirituosen.

Kümmel

Pflanzenfamilie: Doldenblütler
Vorkommen: Mitteleuropa
Gewinnung: Wasserdampfdestillation
Pflanzenteil: Samen

Heilwirkungen:
Verdauungsfördernd, krampflösend, blähungstreibend, menstruationsfördernd.

Bei:
Koliken, Verdauungsbeschwerden, Gasansammlungen, Gärungserscheinungen, Appetitlosigkeit, mangelnder Milchausscheidung, Rheuma, Darmparasiten.

Verwendung in der Küche:
Für alle schwer verdaulichen Speisen; zum Käse; Kartoffelgerichte; Brotgewürz; Kohlgerichte; pikanter Quark; Eintöpfe und Gemüsesuppen; Likörbereitung; Sauerkraut; indische Gerichte; Zwiebelkuchen; Aufläufe.

Lorbeer

Pflanzenfamilie: Lorbeergewächse
Vorkommen: Südeuropa, Indien
Gewinnung: Wasserdampfdestillation
Pflanzenteil: Blätter

Heilwirkungen:
Desinfizierend, durchwärmend, verdauungsfördernd.

Bei:
Juckenden Hautausschlägen, Fußpilz, Magen- und Darmbeschwerden, Koliken, rheumatischen Beschwerden.

Verwendung in der Küche:
Marinaden; Soßen; Ragouts; Kohlgerichte; Sauerkraut; Mixed
Pickles; grüne Bohnen; Suppen und Eintöpfe; Kartoffelgerichte.

Majoran

Pflanzenfamilie: Lippenblütler
Vorkommen: Mittel- und Südeuropa
Gewinnung: Wasserdampfdestillation
Pflanzenteil: Blätter und Blüten

Heilwirkungen:
Krampflösend, blähungstreibend, blutdrucksenkend, stärkend,
schmerzlindernd, keimtötend, abführend, wundheilend, sexuell
dämpfend.

Bei:
Angstzuständen, Magen- und Darmbeschwerden, Migräne, Schlaflosigkeit, Rheuma, Schnupfen, Halsentzündung, Koliken.

Verwendung in der Küche:
Italienische Gerichte (z.B. Pizza); Eintopfgerichte; Aufläufe; Gemüsegerichte; Kartoffelgerichte; Salate und Soßen; Polenta; Hülsenfrüchte.

Mandarine

Pflanzenfamilie: Rautengewächse
Vorkommen: Südeuropa
Gewinnung: Kaltpressung
Pflanzenteil: Schale

Heilwirkungen:
Belebend, blutreinigend, antidepressiv.

Bei:
Erschöpfungszuständen, nervösen Spannungen, leichter Ermüdbarkeit, Husten.

Verwendung in der Küche:
Süßspeisen; Müsli; Milchgerichte (z.b. Grießbrei); Joghurt; Obstsalate; Kuchengewürz; Milchmixgetränke; Pfannkuchen.

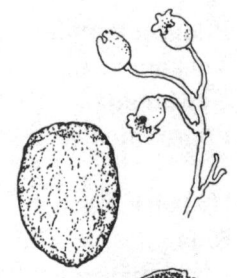

Muskatnuß

Pflanzenfamilie: Magnoliengewächse
Vorkommen: Ceylon, Indien
Gewinnung: Wasserdampfdestillation
Pflanzenteil: Früchte

Heilwirkungen:
Antiseptisch, verdauungsfördernd, kreislaufanregend, schmerzlindernd, Gehirntätigkeit anregend.

Bei:
Magen- und Darminfektionen, schlechter Verdauung, Durchfall, allgemeiner Schwäche, Rheuma.

Verwendung in der Küche:
Suppen (Gemüse, z. B. Tomaten); Spinat; Erbsen; Käsespeisen; Kartoffelgerichte; Blumenkohl; Kompotte; Pasteten; pikante Reisgerichte.

Nelke

Pflanzenfamilie: Myrtengewächse
Vorkommen: Indien, Sansibar
Gewinnung: Wasserdampfdestillation
Pflanzenteil: Blütenknospen

Heilwirkungen:
Keimtötend, betäubend, antineuralgisch, krampflösend, wurmtreibend, magenstärkend, wundheilend, schmerzlindernd.

Bei:
Schwächezuständen, Blähungen, Durchfall, Zahnschmerzen, Hauterkrankungen, Gedächtnisschwäche.

Verwendung in der Küche:
Backwaren; Kohlgerichte; Punsch; Glühwein; Süßspeisen; exotische Gerichte; zum Einmachen; eingelegte Kürbisse, Birnen, Quitten.

Orange

Pflanzenfamilie: Rautengewächse
Vorkommen: Südeuropa
Gewinnung: Wasserdampfdestillation
Pflanzenteil: Schale

Heilwirkungen:
Erfrischend, blutreinigend, harmonisierend, stoffwechselanregend.

Bei:
Herzbeschwerden, Durchfall, Schlaflosigkeit, Husten, Bronchitis, Magenschmerzen.

Verwendung in der Küche:
Desserts; Obstsalat; Müsli; zum Tee; asiatische Gerichte (z.B. Möhren-Curry); Kaltschalen; Milchmixgetränke.

Origanum

Pflanzenfamilie: Lippenblütler
Vorkommen: Südeuropa
Gewinnung: Wasserdampfdestillation
Pflanzenteil: Blätter und Blüten

Heilwirkungen:
Krampflösend, magenstärkend, verdauungsfördernd, antiseptisch, auswurffördernd, schmerzlindernd, beruhigend, menstruationsfördernd.

Bei:
Magenschwäche, Blähungen, Atemwegsinfektionen, Bronchitis, Husten, Asthma, Rheuma, Menstruationsbeschwerden.

Verwendung in der Küche:
Kartoffelgerichte; in Suppen und Eintöpfen; Hülsenfrüchte; Gemüsegerichte; italienische Speisen; Tomatengerichte; Polenta; Salate.

Petersilie

Pflanzenfamilie: Doldengewächse
Vorkommen: Mittel- und Südeuropa
Gewinnung: Wasserdampfdestillation
Pflanzenteil: Blätter

Heilwirkungen:
Harntreibend, durchblutungsfördernd, krampflösend, verdauungsfördernd, antirheumatisch.

Bei:
Harnverhalten, Wassersucht, Akne, Menstruationsbeschwerden.

Verwendung in der Küche:
Pikante Suppen; Soßen; Quarkspeisen; Nudel- und Reisgerichte; im Eintopf; Salate (Kartoffelsalat); Pasteten; herzhafte Pfannkuchen; Omelette; Hülsenfrüchte; Gemüsegerichte; Pilzgerichte; Aufläufe.

Pfeffer

Pflanzenfamilie: Pfeffergewächse
Vorkommen: Südamerika
Gewinnung: Wasserdampfdestillation
Pflanzenteil: Samen

Heilwirkungen:
Magenstärkend, durchwärmend, anregend.

Bei:
Magenbeschwerden, Hämorrhoiden, Rheuma, Durchblutungsstörungen, Halsentzündungen.

Verwendung in der Küche:
Gemüsegerichte; Suppen und Soßen; Kartoffelspeisen; Aufläufe; Quark; Salate; Eiergerichte; Tomatencocktail; Zwiebelkuchen; Pizza.

Pfefferminze

Pflanzenfamilie: Lippenblütler
Vorkommen: Mitteleuropa und -amerika
Gewinnung: Wasserdampfdestillation
Pflanzenteil: Blätter

Heilwirkungen:
Schmerzlindernd, entkrampfend, magenstärkend, galletreibend, verdauungsfördernd, gärungswidrig, beruhigend, antibakteriell.

Bei:
Magen- und Darmkatarrh, Blähungen, Magenbeschwerden, Kolik, Übelkeit, Erbrechen, Durchfall, Leber- und Gallenleiden, Asthma, Menstruationsbeschwerden, Nervosität, Schlafstörungen, Bronchitis, Rheuma, Gicht, Nervenschmerzen.

Verwendung in der Küche:
Soßen; Eiscreme; Milchmixgetränke; Spirituosen; Nudelgerichte;
Blatt-, Tomaten-, pikante Salate.

Piment

Pflanzenfamilie: Pfeffergewächse
Vorkommen: Mittelamerika, Java
Gewinnung: Wasserdampfdestillation
Pflanzenteil: Samen

Heilwirkungen:
Reiz- und schmerzlindernd, anregend, blutdrucksteigernd, durchwärmend.

Bei:
Schmerzzuständen, Rheuma, Schwindelgefühlen, Erschöpfungszuständen, Durchblutungsstörungen.

Verwendung in der Küche:
Marinaden; Sauerkraut; Aufläufe; Brot; Gebäck; Kuchen; in Suppen und Soßen; Kompott.

Rosmarin

Pflanzenfamilie: Lippenblütler
Vorkommen: Südeuropa
Gewinnung: Wasserdampfdestillation
Pflanzenteil: Blätter und Blüten

Heilwirkungen:
Anregend, gedächtnisfördernd, durchblutungsfördernd, entzün-
dungswidrig, herzstärkend, antiseptisch, schweiß- und harntreibend, menstruationsfördernd.

Bei:

Menstruationsbeschwerden, Kreislaufbeschwerden, Hypotonie, Nervenschwäche, Magen- und Darmerkrankungen, allgemeiner Schwäche, Antriebslosigkeit, Rheuma, Kopfschmerzen, Migräne, hohem Cholesterinspiegel, Erkältung, Husten, Gallenbeschwerden.

Verwendung in der Küche:

Tomatensalat; Mais- und grüner Salat; Pilzgerichte; Gemüse- und Tomatensuppe; dunkle Soßen; herzhafte Pfannkuchenfüllungen; Pasteten; Kartoffelgerichte; Sojabratlinge; Gemüsegerichte; Polenta; zum Marinieren (Tofu); Pizza.

Salbei

Pflanzenfamilie:	Lippenblütler
Vorkommen:	Südeuropa
Gewinnung:	Wasserdampfdestillation
Pflanzenteil:	Kraut und Blüten

Heilwirkungen:

Harntreibend, entschlackend, blutdrucksteigernd, leberreinigend, Drüsentätigkeit regulierend, desinfizierend, zusammenziehend, Milchausscheidung hemmend, blutreinigend.

Bei:

Magen- und Darmkatarrh, Durchfall, starken Blähungen, Luftwegskatarrh, Verschleimung, Appetitlosigkeit, nervöser Erschöpfung, Mund- und Zahnfleischentzündung, Mandelentzündung, Ausfluß, Rheuma.

Verwendung in der Küche:

Bratkartoffeln; Suppen und Soßen; Salate (Tomatensalat); Gemüsegerichte; Eintopf; Käsegerichte; Pasteten.

Sellerie

Pflanzenfamilie: Doldenblütler
Vorkommen: Mitteleuropa
Gewinnung: Wasserdampfdestillation
Pflanzenteil: Samen

Heilwirkungen:
Harntreibend, appetitanregend, verdauungsfördernd, blutreinigend, stoffwechselanregend, kräftigend.

Bei:
Rheuma, Gicht, Erschöpfungszuständen, Blasen- und Nierenbeschwerden.

Verwendung in der Küche:
Gemüse-, Kartoffel-, Kräutersuppe; in Eintopfgerichten; Soßen; zum Quark; Getreidebratlinge; Kartoffelgerichte (z.B. Kartoffelbrei); Klösse (z.B. Grünkernklösse); selbstgemachter Brotaufstrich; Salate.

Thymian

Pflanzenfamilie: Lippenblütler
Vorkommen: Südeuropa
Gewinnung: Wasserdampfdestillation
Pflanzenteil: Blätter und Blüten

Heilwirkungen:
Krampflösend, hustenstillend, auswurffördernd, antiseptisch, adstringierend, appetitanregend, blutdrucksteigernd, wurmtreibend.

Bei:
Husten, Keuchhusten, Bronchitis, Magen- und Darmbeschwerden, Appetitlosigkeit, Blähungen, Durchfall, Halsentzündungen, Kreislaufbeschwerden, Einschlafschwierigkeiten.

Verwendung in der Küche:
Pikante Soßen; Käsesoufflés; zu südländischen Gerichten (z.B. Ratatouille); Marinaden; Omelette; Kartoffelgerichte; Hülsenfrüchte; Pizza; Tomatengerichte (z.B. Tomatensuppe); Eintopfgerichte; Salate; Kräuterbutter.

Wacholderbeere

Pflanzenfamilie: Zypressengewächse
Vorkommen: Europa, Kanada, Nordamerika
Gewinnung: Wasserdampfdestillation
Pflanzenteil: Früchte

Heilwirkungen:
Appetitanregend, verdauungsfördernd, magenstärkend, stärkend, blutreinigend, belebend, harntreibend, desinfizierend, ausschwemmend, blähungstreibend, krampflösend, stoffwechselanregend.

Bei:
Blasen- und Nierenentzündungen, Wassersucht, Magen- und Darmträgheit, Rheuma, Ischias, Gicht, Bronchialkatarrh, Übergewicht, Luftwegserkrankungen.

Verwendung in der Küche:
Zum „Beizen" von Tofu und Sojafleisch; Gewürz zu Sauerkraut; zum milchsauren Einlegen von Gemüse; Marinaden; Steinhäger, Genever, Gin; Kohlgerichte; Aufläufe.

Zimt

Pflanzenfamilie: Lorbeergewächse
Vorkommen: Ceylon, Indien, Antillen
Gewinnung: Wasserdampfdestillation
Pflanzenteil: Rinde

Heilwirkungen:
Herz- und magenstärkend, anregend, durchwärmend, verdauungs-fördernd, blutstillend, antiseptisch, durchblutungsfördernd.

Bei:
Schwächezuständen, Unterkühlung, Grippe, Erkältung, Darmin-fektion, Durchfall, inneren Blutungen, Muskelschmerzen.

Verwendung in der Küche:
Süßer Reis; Milchsuppe; Grießbrei; zu bestimmten Kartoffelgerich-ten; Kuchen und Gebäck (z.B. Zimtsterne); Müsli; Zimteisparfait; zur Teearomatisierung; in Glühwein und Punsch; Pudding; Obstsa-lat.

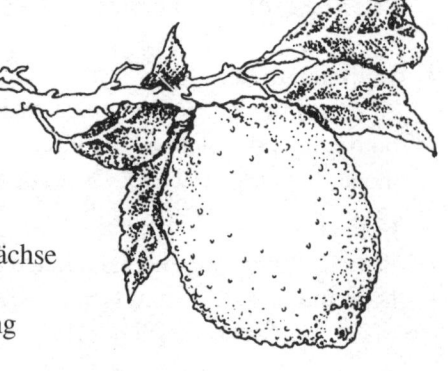

Zitrone

Pflanzenfamilie: Rautengewächse
Vorkommen: Südeuropa
Gewinnung: Kaltpressung
Pflanzenteil: Schale

Heilwirkungen:
Bakterizid, antiseptisch, venenstärkend, blutdrucksenkend, blutbil-dend, blutreinigend, fiebersenkend, herzstärkend.

Bei:
Rheuma, Gicht, Arthritis, Infektionskrankheiten, Magenübersäue-rung, Krampfadern, Leber- und Gallenerkrankungen, Verdauungs-beschwerden, Appetitlosigkeit.

Verwendung in der Küche:
Süßspeisen (z.B. Zitronenpudding, Grießbrei...); Kuchen und Ge-bäck (z.B. Zitronenrolle); Kaltschalen; pikante Soßen; Obstsalate; süßer Quark.

Vorwort zum praktischen Teil

Vor Beginn des praktischen Teils ist noch darauf hinzuweisen, daß ätherische Öle und Wasser keine Verbindung miteinander eingehen. Durch Umrühren wird zwar das ätherische Öl in kleinen Kügelchen verteilt, aber es löst sich nicht im Wasser. Dazu sind Emulgatoren nötig.
Natürliche Emulgatoren für ätherische Öle sind:
Milch, saure und süße Sahne, Crème fraîche, Eigelb, Honig; d.h. unter Zugabe dieser aufgeführten Stoffe mischt sich das ätherische Öl auch mit Wasser.
Ätherisches Öl und fettes Speiseöl sind problemlos mischbar.

Auf zwei Arten lassen die ätherischen Öle sich zum Kochen verwenden:

1. Pur
Bei der direkten Zugabe von ätherischem Öl zu Speisen und Getränken ist zu beachten, daß man vorsichtig dosiert.
Lieber erst einmal wenig und dann nachwürzen.
Bei den ganz milden Ölen ist es sehr unproblematisch, z. B. Orange, Mandarine, Zitrone, da ist ein Überwürzen nicht so schnell möglich.

2. Mischung
Vormischung von ca. 15 - 20 Tropfen ätherischem Öl in 100 ml kaltgepreßtem Speiseöl (Sonnenblumen-, Distel-, Olivenöl ...)
In eine Flasche werden 100 ml kaltgepreßtes Speiseöl gegeben und anschließend ätherisches Öl hinzugerührt. Es empfiehlt sich, für diverse Gelegenheiten einige Vormischungen anzusetzen. Z. B.:

für italienische Gerichte: 6 Tropfen Majoran, 6 Tropfen Origanum, 3 Tropfen Thymian.

für Salatsaucen (Blattsalate): 5 Tropfen Dill, 5 Tropfen Petersilie, 4 Tropfen Estragon, 1 Tropfen Basilikum.

für Salatsaucen (Kraut- u. Wurzelgemüse): 5 Tropfen Fenchel, 5 Tropfen Thymian, 5 Tropfen Origanum, 5 Tropfen Bohnenkraut.

für Salatsaucen (Tomate, Paprika ...): 5 Tropfen Majoran, 5 Tropfen Rosmarin, 4 Tropfen Salbei.

für Hülsenfrüchte: 5 Tropfen Cumin, 5 Tropfen Bohnenkraut, 5 Tropfen Lorbeer.

für Kohlgerichte: 5 Tropfen Wacholderbeere, 5 Tropfen Lorbeer, 4 Tropfen Kümmel, 1 Tropfen Nelke.

für exotische Gerichte: 5 Tropfen Cumin, 5 Tropfen Cardamom, 5 Tropfen Piment, 5 Tropfen Orange.

Neben den ätherischen Ölen liegt das Hauptaugenmerk auf der Vollwertigkeit der Gerichte.
Nach einem Jahrzehnt ohne Fleischkonsum kann ich jedem nur Mut machen, sich vegetarisch zu ernähren. Die Vielfalt der fleischlosen Küche läßt sehr leicht die Sehnsucht nach Schnitzel, Steak und Würstchen vergessen.

Da die Desserts das Schönste am ganzen Essen sind und man sich normalerweise erst durch Suppen, Getreide und Gemüse hin–durchessen „muß", möchte ich in diesem Kochbuch für die ungedul–digen Schleckermäuler gleich mit dem beliebten Ende des Essens beginnen:

Desserts

Apfelsahne (4 Portionen)

4 Äpfel
200 g Schlagsahne
1 Tropfen Zimtöl
Mark einer Vanilleschote
1 Teel. Kirschwasser
2 Eßl. Haferflocken
2 Eßl. Honig

Zubereitung:
Äpfel schälen und raspeln. Sahne mit Vanillemark steif schlagen, Kirschwasser und Zimtöl unterrühren. Unter die Apfelraspeln heben und in vier Schälchen geben.
Haferflocken in einer Pfanne trocken rösten, mit dem Honig vermengen.

Über die Apfelsahne streuen.

Apfel-Pfannkuchen mit Zimtsauce (4 Portionen)

für die Pfannkuchen:
125 g Weizenvollkornmehl
1/4 l Milch
1 Eßl. Honig
2 Eier
3 Eßl. zerlassene Butter
2 säuerliche Äpfel
4 Eßl. Margarine

für die Sauce:
300 g Crème fraîche
2 Tropfen Zimtöl
2 Eßl. Calvados
1 Eßl. Ahornsirup

Zubereitung:
Aus Vollkornmehl, Milch, Honig und Eiern einen dickflüssigen Teig rühren. Zuletzt die zerlassene Butter unterrühren und zugedeckt etwa 20 Minuten quellen lassen.
Inzwischen die Äpfel schälen und das Kerngehäuse ausstechen. Die Äpfel in dünne Scheiben schneiden. Margarine in einer großen Pfanne erhitzen, 1/4 der Apfelscheiben darin fast weichdünsten. 1/4 des Teiges darüber gießen und stocken lassen. Den Pfannkuchen wenden und fertigbacken. Auf diese Weise vier Pfannkuchen herstellen und warm halten.
Für die Sauce Crème fraîche mit Zimtöl, Calvados und Ahornsirup cremig rühren und auf die Pfannkuchen geben.

Crêpes mit Satsumas (4 Personen)

für die Crêpes:
100 g Vollkornmehl
2 Eier
1 Eßl. Honig
Mark einer Vanilleschote
1 Prise Salz
2 Tropfen Zimtöl
knapp 1/4 l Milch
2 Eßl. zerlassene Butter
für die Füllung:
12 Satsumas
2 Eßl. Ahornsirup
Butter zum Ausbacken

Zubereitung:
Aus Vollkornmehl, Eiern, Honig und Vanillemark, Salz, Zimtöl und Milch einen glatten Teig rühren. Die zerlassene, abgekühlte Butter untermischen und den Teig eine halbe Stunde ruhen lassen.
Satsumas schälen und in Scheiben zerlegen, mit Ahornsirup vermischen und durchziehen lassen.

Butter in einer Pfanne erhitzen und aus dem Teig hauchdünne, helle Crêpes von beiden Seiten backen. Die fertigen Crêpes im Backofen warmstellen.

Vor dem Servieren die Satsumascheiben in die Crêpes einschlagen.

Dattel-Parfait (4 Personen)

2 Eier (getrennt)
50 g Honig
2 Tropfen Zimtöl
1 Becher Schlagsahne (250 g)
25 entsteinte frische Datteln
5 Eßl. weißer Rum
50 g Pistazien (grob gehackt)
Mark einer Vanilleschote
1 Prise Salz
1 Tropfen Cardamomöl
Carobpulver

Zubereitung:
Eine eckige Form ins Tiefkühlgerät stellen. Eigelb, Honig und ätherische Öle im warmen Wasserbad cremig verrühren.
Sahne steif schlagen. 15 Datteln klein würfeln, mit 3 Eßl. Rum und den Pistazien (1-2 Teel. vorher abnehmen) sowie der Sahne unter die Eigelbmasse rühren.
Das Eiweiß mit der Vanilleschote und dem Salz steif schlagen. Unter die Masse heben. In die vorgekühlte Form füllen, zugedeckt mindestens 5 Stunden gefrieren lassen.
Vor dem Servieren die übrigen Datteln häuten, fächerartig aufschneiden, mit 2 Eßl. Rum beträufeln. 1/2 Stunde marinieren. Parfait antauen, stürzen und in Scheiben schneiden. Mit Carobpulver und fein gehackten Pistazien bestäuben.

Exotische Früchte mit Pistazienrahm (4 Portionen)

125 g getrocknete Ananas
50 g Sultaninen
3 kernlose Mandarinen
250 g Litschis
2 kleine Kiwis
4 Eßl. Zitronensaft
2 Eßl. Honig
je 1 Tropfen Coriander-, Cardamom- und Limettenöl
1 Becher Crème double (125 g)
1 Eßl. Honig
30 g Pistazien

Zubereitung:
Ananas kleinschneiden. Mit den Sultaninen mischen. Saft einer Mandarine auspressen, über die Trockenfrüchte gießen, 20 Minuten einweichen.
Inzwischen die übrigen Mandarinen schälen, in Spalten teilen, die weißen Häutchen entfernen. Litschis und Kiwis dünn schälen, in Scheiben schneiden. Alle Früchte dekorativ auf vier Desserttellern anrichten.
3 1/2 Eßl. Zitronensaft und Honig verquirlen, darüberträufeln. Die Crème double mit dem Honig, dem übrigen Zitronensaft und den ätherischen Ölen steif schlagen, jeweils einen Klecks davon auf die Früchte geben. Pistazien fein hacken, auf die Creme streuen.

Feigenkonfekt

100 g entsteinte Trockenpflaumen
200 g Trockenfeigen
50 g Sonnenblumenkerne
3 Eßl. Zitronensaft
1 Eßl. Ahornsirup
1 Tropfen Orangenöl
2 Tropfen Mandarinenöl

Zubereitung:
Pflaumen im Fleischwolf zerkleinern. Mit kleingeschnittenen Feigen, gehackten Sonnenblumenkernen, Zitronensaft, Ahornsirup und ätherischem Öl vermischen. Die Masse etwa eine Stunde kalt stellen. Mit leicht angefeuchteten Händen kleine Kugeln formen. Zum Aufbewahren das Konfekt eventuell in Papier-Pralinenförmchen legen.

Grießflammeri (6 Portionen)

1 l Vollmilch
1 Prise Salz
4 Eßl. Honig
1 Vanilleschote
2 Tropfen Zimtöl
2 Tropfen Zitronenöl
250 g Vollkorngrieß
2 Eier
2 Eßl. Butter
50 g Rosinen und 30 g Mandeln

Zubereitung:
Die Milch mit dem Salz, dem Honig, dem Vanillemark und den ätherischen Ölen aufkochen. Unter ständigem Rühren den Grieß einrieseln lassen. Den Grieß bei sehr schwacher Hitze dick einkochen.
Die Eier verquirlen und mit der Butter in den heißen Grießbrei rühren. Zur Verfeinerung noch 50 g Rosinen und 30 g Mandelstifte dazugeben. Eine Flammeriform mit kaltem Wasser ausspülen und den Grießbrei einfüllen. Den Flammeri auf Raumtemperatur abkühlen lassen und zum völligen Erkalten zugedeckt in den Kühlschrank stellen.
Den Grießflammeri vor dem Servieren auf eine Platte stürzen.

Himbeertraum (4 Portionen)

250 g Himbeeren
2 Eier
2 Tropfen Zitronenöl
1 Tropfen Zimtöl
2 Eßl. Rohrohrzucker
1 Prise Salz
2 Eßl. Himbeergeist

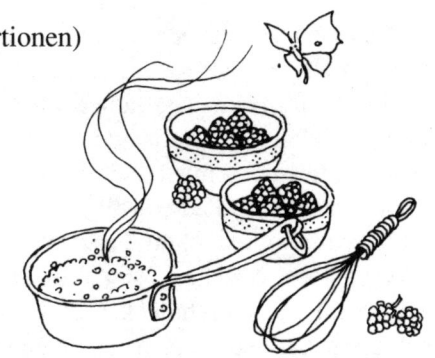

Zubereitung:
Die Himbeeren auf vier Dessertschalen verteilen.
Die Eier mit Rohrohrzucker, Salz, Himbeergeist und den ätherischen Ölen im heißen Wasserbad schaumig schlagen. Die noch warme Creme über die Himbeeren geben.

Hirseflammeri mit Heidelbeersauce (4 Portionen)

125 g Hirse
1/2 Vanilleschote
350 ml Milch
1 Prise Salz
2 Tropfen Zimtöl
2 Eier (getrennt)
3 Eßl. Honig
100 g Heidelbeeren
100 g Crème fraîche
2 Eßl. Zitronensaft

Zubereitung:
Hirse in ein Sieb geben und kurz überbrausen. Vanilleschote aufschlitzen und das Mark auskratzen, zusammen mit Milch, Hirse und

Salz in einen Topf geben. Langsam zum Kochen bringen und bei niedriger Hitze zugedeckt 30 Minuten quellen lassen.
Eigelb, 2 Eßl. Honig und ätherisches Öl unter die Hirse rühren.
Eischnee schlagen, unterheben.
4 Puddingförmchen mit kaltem Wasser ausspülen. Die heiße Hirsemasse einfüllen und darin völlig abkühlen lassen.
Heidelbeeren (einige zum Garnieren beiseite legen) pürieren und durch ein Sieb streichen. Mit Crème fraîche, Zitronensaft und dem restlichen Honig abschmecken.
Flammeris aus den Förmchen stürzen und mit der Sauce anrichten.
Mit Heidelbeeren garnieren.

Jürgens-Apfel-Waffeln (6 Portionen)

150 g Butter
200 g Rohrohrzucker
4 Eier
1/2 Teel. Salz
250 g Weizenvollkornmehl
1 Teel. Weinsteinbackpulver
2 Tropfen Zimtöl
1 Tropfen Nelkenöl
2 Äpfel, kleingeschnitten
Carob zum Bestreuen

Zubereitung:
Alle Zutaten, mit Ausnahme der Äpfel, in eine Schüssel geben und mit dem Handmixer verrühren. Zum Schluß die Äpfel hinzufügen.
Im Waffeleisen goldgelb backen und mit Carobpulver bestreuen.

Joghurteis (4 Portionen)

4 Eier
4 Eßl. Rohrohrzucker
2 Becher Joghurt natur
6 Tropfen Mandarinenöl

Zubereitung:
Die Eier in Eiweiß und Eigelb trennen. Das Eigelb mit dem Rohrohrzucker und dem Mandarinenöl schaumig rühren, das Eiweiß steif schlagen. Den Joghurt nacheinander mit dem Eigelbschaum und dem Schnee verrühren.
Die Masse in Schalen füllen und 1 Stunde tiefgefrieren. Vor dem Servieren antauen lassen.

Maispudding (2 Portionen)

3/8 l Milch
75 g feines Maismehl
1 Eßl. Honig
1 Eßl. schwarze Melasse
Salz
je 1 Tropfen Zimt-, Ingwer-, Macisblütenöl
1 Eßl. Rosinen
2 Eßl. Butter
1 Eßl. geriebene Haselnüsse oder Mandeln

Zubereitung:
Maismehl und ätherische Öle in der kalten Milch auflösen. Diese dann auf kleiner Flamme solange kochen, bis die Masse eingedickt ist. Etwas abkühlen lassen und die restlichen Zutaten außer der Butter dazugeben. In eine gefettete feuerfeste Form geben und zugedeckt 1 Stunde bei 200 Grad backen und dann noch einmal 45 Minuten bis 1 Stunde mit offenem Deckel. Kurz vor dem Herausnehmen mit der Butter belegen.

Obstauflauf (4 Portionen)

Früchte nach Wahl, insgesamt 500-750 g
(Ananasstücke, saure Kirschen, Aprikosen, Pfirsiche, Orangen,
Pflaumen etc.)
1 Zitrone
Honig nach Geschmack
1 Tropfen Muskatöl
2 Tropfen Ingweröl
1 Tropfen Zimtöl
1 Gläschen Cointreau

Zubereitung:
In eine gebutterte Auflaufform lagenweise die Früchte füllen
(Orangen und die Zitrone schälen und in dünne Scheiben schneiden). Den Honig mit den ätherischen Ölen mischen. Etwas Honig-
sauce über jede Obstschicht geben. Ein Gläschen Cointreau über
den Auflauf gießen. 20-30 Minuten bei 200 Grad backen.

Obstquark (4 Portionen)

500 g Quark
500 g Obst
2 Eßl. Honig
1 Eßl. Rosinen
1 Eßl. grob gehackte Nüsse
1 Tropfen Zimtöl
1 Tropfen Ingweröl
1/4 l süße Sahne

Zubereitung:
Quark schaumig rühren. Das kleingeschnittene Obst, sowie Honig,
Rosinen, Nüsse und ätherische Öle zugeben. Zum Schluß die steif-
geschlagene Sahne unterziehen.

Quarkcreme mit Aprikosen (4 Portionen)

500 g Speisequark
Mark einer Vanilleschote
1 Eßl. Honig
Saft einer halben unbehandelten Zitrone
2 Tropfen Orangenöl
400 g entkernte Aprikosen
100 g Marzipanrohmasse
2 Eßl. Mandellikör
1 Eßl. gehackte Pistazien

Zubereitung:
Speisequark, Vanillemark, Honig und ätherische Öle verrühren. Mit Zitronensaft abschmecken.
Aprikosen in dünne Scheiben schneiden.
Marzipanrohmassse mit Mandellikör und 6 Eßl. Wasser verrühren.
Quarkcreme und Aprikosen abwechselnd in hohe Gläser schichten, dabei jede Aprikosenschicht mit etwas Marzipansauce bedecken.
Mit einer Quarkschicht abschließen. Kurz kalt stellen.
Ein paar Pistazien darüber streuen.

Überbackene Bananen mit Heidelbeeren
(4 Portionen)

2 Bananen
etwas Zitronensaft
150 g Heidelbeeren
3 Tropfen Bitterorangenöl
2 Eiweiß
2 Eßl. Rohrohrzucker
1 Eßl. Mandelblättchen

Zubereitung:
Die Bananen schälen und in dicke Scheiben schneiden. Fruchtschei-

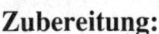
41

ben sofort mit etwas Zitonensaft beträufeln.
Bananenscheiben zusammen mit den Heidelbeeren gleichmäßig in eine flache Auflaufform verteilen.
Eiweiß mit Rohrohrzucker steif schlagen. In einen Spritzbeutel füllen, die Fruchtmischung damit gitterartig überziehen. Mit Mandelblättchen bestreuen und bei 200 Grad 10 Minuten überbacken.

Zitronensoufflé

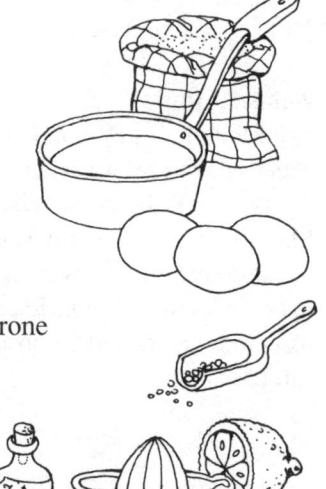

1/8 l Milch
4-5 Eßl. Rohrohrzucker
3 Eßl. Butter
5 Eßl. Vollkornmehl
5 Eier
Saft und abgeriebene Schale von 1 Zitrone
1 Prise Salz
1 Tropfen Zimtöl
1 Tropfen Cardamomöl
2 Tropfen Zitronenöl
Carobpulver

Zubereitung:
Milch mit dem Rohrohrzucker und den ätherischen Ölen erhitzen. Butter in einer Kasserolle zerlassen. Das Vollkornmehl nach und nach unter die Butter geben und dann 1 Minute bei milder Hitze unter ständigem Rühren quellen lassen. Die Kasserolle vom Herd nehmen und die Masse etwas abkühlen lassen. Dann die heiße Milch mit dem Schneebesen hineinschlagen. Diese Mischung wieder erhitzen und unter Rühren einmal aufkochen lassen; wieder von der Herdplatte ziehen.
Die Eier in Eiweiß und Eigelb trennen. Ein Eigelb nach dem anderen in die Mischung schlagen. Den Saft und die abgeriebene Schale der Zitrone zufügen und alles gut mischen.

Eine feuerfeste Form mit Butter einfetten und mit Rohrohrzucker ausstreuen. Den Backofen auf 220 Grad C vorheizen. Das Eiweiß mit dem Salz zu sehr steifem Schnee schlagen und behutsam unter die Soufflégrundmasse ziehen. Die Soufflémasse in die Form füllen und auf die mittlere Schiebeleiste des Backofens stellen. Die Hitze auf 200 Grad C zurückstellen und das Soufflé etwa 30 Minuten backen, bis die Oberfläche leicht gebräunt ist..
Mit Carobpulver besieben.

Zitrus-Vanille-Auflauf (4 Portionen)

4 große Pfirsiche
Butter
3 Eßl. Vollkornsemmelbrösel

für den Teig:
1/4 l Milch
50 g Rohrohrzucker
ausgeschabtes Mark von 2 Vanilleschoten
40 g zerlassene Butter
75 g Vollkornmehl
5 Eier
je 2 Tropfen Zitronen-, Orangen- und Mandarinenöl

Zubereitung:
Die Früchte in Spalten schneiden. Eine feuerfeste Form mit hohem Rand einfetten und mit den Semmelbröseln ausstreuen. Die Fruchtspalten auf dem Boden der Form verteilen.
Die Milch mit dem Rohrohrzucker, dem Vanillemark, den ätherischen Ölen , der flüssigen Butter und dem Mehl in einem Kochtopf gut verquirlen. Die Mischung bei milder Hitze unter ständigem Rühren langsam zum Kochen bringen. So lange weiterrühren, bis sich der Teig vom Topfboden löst. Den Topf vom Herd nehmen.

Die Eier in Eiweiß und Eigelb trennen. Ein Eigelb nach dem anderen in den Teig rühren.

Den Backofen auf 175 Grad C vorheizen.

Das Eiweiß zu steifem Schnee schlagen und unter den Teig heben.

Die Masse über die Fruchtspalten verteilen.

Den Auflauf auf der mittleren Schiebeleiste des Backofens in etwa 50 Minuten hellgelb backen. Den Vanilleauflauf sofort servieren.

Suppen und Vorspeisen

Bohnensuppe (4 Portionen)

150 g weiße oder braune Bohnen
2 Zwiebeln
2 Knoblauchzehen
2 Paprikaschoten
2 Eßl. Olivenöl
je 2 Tropfen Kreuzkümmel - und Oreganoöl
Kräutersalz

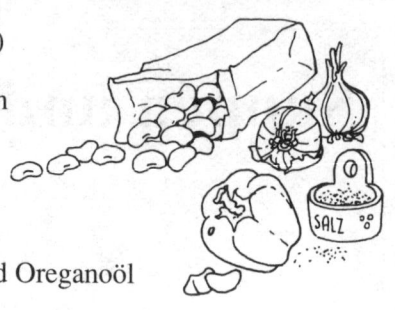

Zubereitung:
Bohnen über Nacht in 1 l Wasser einweichen. In diesem Wasser
1 1/4 Stunden leise kochen lassen.
Inzwischen Zwiebeln und Knoblauch schälen und fein hacken.
Paprikaschoten entkernen, waschen und Öl mit den ätherischen
Ölen in einer Pfanne erhitzen. Zwiebeln, Knoblauch und Paprika-
würfel darin andünsten. Zur Bohnensuppe geben und diese ab-
schmecken.

Blumenkohlcremesuppe (6-8 Portionen)

1 kleine Zwiebel, fein gewürfelt
2 Eßl. Butter
1 großer Blumenkohl, in Röschen geschnitten
4 Tropfen Majoranöl
6 Tassen Wasser
2 Tropfen Pfefferöl
1 Tasse süße Sahne
2 Tropfen Petersilienöl
Salz

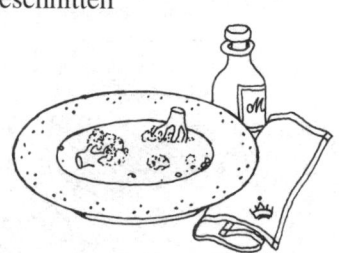

Zubereitung:
In einem 3 l fassenden Topf Zwiebeln in der Butter glasig dünsten.
Blumenkohl und Majoranöl dazu geben und einige Minuten anbra-
ten.

6 Tassen Wasser hinzufügen und den Blumenkohl gar köcheln.
Einige Blumenkohlstücke beiseite legen und den Blumenkohl im
Mixer pürieren.
Das Blumenkohl-Püree in den Topf zurückgeben, Sahne und
restliche Blumenkohlstücke dazu geben.
Langsam erhitzen, abschmecken, Petersilien- und Pfefferöl hinzu-
fügen.

Endiviencremesuppe (6 Portionen)

500 g Endiviensalat
20 g Butter
1 l Gemüsebrühe
150 g gekochter Reis
100 ml Schlagsahne
2 Tropfen Zitronenöl
2 Tropfen Melissenöl

Zubereitung:
Den Endiviensalat putzen, in breite Streifen schneiden, waschen
und trockenschleudern. In einem großen Topf Butter zerlassen,
Salat darin andünsten, Brühe angießen, Reis zugeben. Die Suppe
aufkochen, dann etwa 30 Minuten bei kleiner Hitze ziehen lassen.
Suppe sehr fein pürieren und wieder erhitzen. Sahne unterziehen,
Zitronen- und Melissenöl unterrühren. Heiß oder kalt servieren.

Italienische Tomatensuppe (4 Portionen)

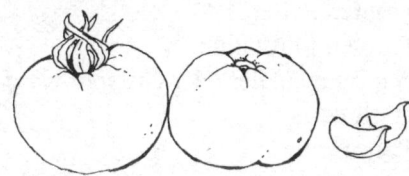

2 Zwiebeln
1 Knoblauchzehe
1000 g Tomaten
3 Eßl. Olivenöl
Salz

weißer Pfeffer
1 Prise brauner Zucker
2 Tropfen Pfefferminzöl
3 Tropfen Basilikumöl
4 Tropfen Majoranöl
1 l heiße Gemüsebrühe aus Würfeln

für die Einlage:
40 g Vollkornreis, gekocht
40 g geriebener Parmesankäse

Zubereitung:
Zwiebeln und Knoblauchzehe fein hacken. Tomaten in kleine
Würfel schneiden. Olivenöl in einem Topf erhitzen. Zwiebel- und
Knoblauchwürfel hineingeben. Unter Rühren 5 Minuten anschwit-
zen. Tomatenwürfel dazugeben. Mit Salz, Pfeffer, braunem Zucker,
Pfefferminzöl, Basilikum- und Majoranöl würzen. Mit der heißen
Gemüsebrühe aufgießen. 30 Minuten bei geringer Hitze kochen
lassen.
Suppe durch ein Sieb in einen Topf passieren. Reis zufügen und
nochmal alles heiß werden lassen. Nicht mehr kochen lassen. Gerie-
benen Parmesankäse darüber streuen.

Kürbis-Käse-Creme (6 Portionen)

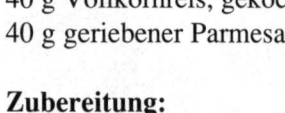

50 g Weizenkörner
1 kg Kürbis
1 Zwiebel
40 g Butter
etwa 4 Eßl. gekörnte Gemüsebrühe
3 Tropfen Pfefferöl
2 Tropfen Muskatöl
125 g Emmentaler oder Gruyère-Käse
40 g Butter
1 Teel. Honig

Zubereitung:
Die Weizenkörner über Nacht in 500 ml (1/2 l) Wasser einweichen. Kürbis schälen, Kerne und Fasern entfernen, Fruchtfleisch in Würfel schneiden, Zwiebel fein würfeln. Butter zerlassen, Zwiebelwürfel darin andünsten. Kürbis zugeben, etwa 5 Minuten dünsten. Inzwischen Einweichwasser vom Weizen abgießen, Einweichwasser mit Wasser auf 1 l auffüllen, mit der gekörnten Gemüsesuppe zum Kürbis geben, mit Pfeffer- und Muskatöl würzen und in etwa 20 Minuten weich kochen.
Kürbis durch ein Sieb streichen oder pürieren.
Den Käse sehr fein reiben, 3/4 in der heißen Suppe, die nicht mehr kochen sollte, schmelzen lassen. Weizenkörner in heißer Butter etwa 5 Minuten rösten, in den letzen zwei Minuten Honig zufügen. Suppe verteilen, mit Körnern und restlichem Käse bestreut servieren.

Lauchcremesuppe (6 Portionen)

6 Stangen Lauch, sehr klein geschnitten
60 g Butter
1/2 Tasse Champignons, in Scheiben geschnitten
1 1/2 l Wasser
1/2 Teel. Salz
2 Tropfen Pfefferöl
3 Tropfen Basilikumöl
1/2 Tasse saure Sahne
1/2 Tasse Gouda-Käse, gerieben
1 Eßl. Sojasauce
1 Tropfen Muskatöl
1 Eßl. Zitronensaft
1 Teel. brauner Zucker
1 Eßl. Schnittlauch, getrocknet
1 Teel. Sherry
Salz

Zubereitung:
Lauchstangen in feine Ringe schneiden und 1-2 Minuten in zerlassener Butter andünsten. Dann Pilze hinzufügen. Nun das Wasser, Salz und Pfefferöl dazugeben und 30 Minuten kochen lassen. Danach Basilikumöl dazugeben und alles im elektrischen Mixer pürieren. Danach die Suppe langsam wieder erhitzen, sie darf aber nicht mehr aufkochen. Zum Schluß mit Sherry und Salz abschmecken.

Linsensuppe (6 Portionen)

250 g Linsen
1 Zwiebel
1 Knoblauchzehe
2 Möhren
2 Stengel Stangensellerie
1 Tomate
2 Eßl. Olivenöl
je 1 Tropfen Bohnenkraut-, Thymian- und Oreganoöl
1 Teel. Zitronensaft
Kräutersalz

Zubereitung:
Linsen über Nacht in 1 l Wasser einweichen. In diesem Wasser aufkochen und zugedeckt über schwacher Hitze etwa 1 Stunde kochen.
Inzwischen Zwiebel, Knoblauch und Möhren schälen und fein würfeln. Sellerie putzen und mitsamt dem Grün in feine Streifen schneiden. Tomate würfeln.
Öl mit den ätherischen Ölen in einer tiefen Pfanne erhitzen, Zwiebeln, Knoblauch und Möhren darin glasig dünsten. Sellerie und Tomate zur Suppe geben. Mit Kräutersalz würzen.
Noch etwa 15 Minuten kochen, dann mit Zitronensaft abschmekken.

Artischockencreme (2 Portionen)

3 Eier
30g Butter
1 Eßl. Crème fraîche
2 Teel. Kapern
je 1 Tropfen Pfeffer-, Muskatnuß- und Thymianöl
Artischockenböden (8 Stück)
8 schwarze Oliven

Zubereitung:
Die Eier hart kochen, pellen und halbieren. Die Eigelbe mit Butter,
Crème fraîche, Kapern und 2 Teel. Kapernsud im Mixer pürieren.
Mit den Gewürzen abschmecken.
Die Eimasse mit Hilfe eines Spritzbeutels auf die Artischockenbö-
den füllen. Oliven halbieren und die Eiercreme damit garnieren.

Buchweizenblinis (6 Portionen)

125 g Weizenvollkornmehl
125 g Buchweizenmehl
300 ml Milch
3 Eigelb
1 Teel. Salz
je 1 Tropfen Cumin- und Cardamomöl
40 g zerlassene Butter
3 Eiweiß

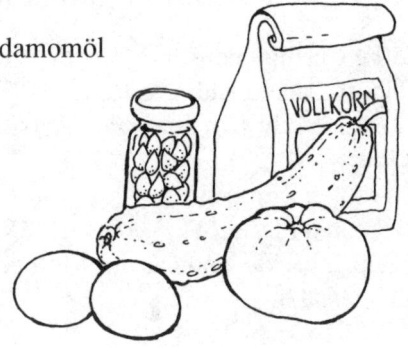

Füllung:
150 g Crème fraîche
2 Tomaten
1 Zucchini
Salz
2 Tropfen Pfefferöl

1 Tropfen Basilikumöl
kaltgepreßtes Speiseöl zum Braten
1 Knoblauchzehe

Zubereitung:
Weizenvollkornmehl sieben, mit Buchweizenmehl mischen. Mit Milch, Eigelb, Salz, den ätherischen Ölen und der zerlassenen Butter zu einem glatten Teig verrühren. Danach etwa 30 Minuten ruhen lassen. Eiweiß steif schlagen und unter den Teig ziehen. Die Tomaten etwa zwei Minuten in siedendes Wasser tauchen, abziehen und grob hacken. Mit Salz bestreut beiseite stellen.Die Zucchini waschen, putzen und feinwürfeln. In kochendem Wasser 3-4 Minuten brühen und abseihen.
Knoblauch fein hacken, Öl und ätherische Öle in einer Pfanne erhitzen, die Zucchini- und Tomatenwürfel dazugeben und kurz anbraten. Zum Schluß Crème fraîche unterrühren.
Für die Blinis Öl in einer zweiten Pfanne erhitzen. Den Teig eßlöffelweise hineingeben, flachdrücken und daraus von beiden Seiten Blinis von etwa 5 cm Durchmesser backen.
Mit dem Gemüse servieren.

Gebackene Champignons (6 Portionen)

750 g Champignons
1 Tasse Paniermehl (235 ccm)
1/3 Tasse sehr fein gewiegte Petersilie
2 Eier
3 Tropfen Zitronenöl
2 Tropfen Pfefferöl
1 fein gehackte Knoblauchzehe (oder durch die Presse gedrückt)
Kräutersalz
1/2 Tasse Mehl
Pflanzenöl zum Ausbacken

Zubereitung:
Die Pilze waschen, mit einem Tuch trocknen und halbieren. In einer flachen Schale das Paniermehl mit der Petersilie vermischen. In einer zweiten Schale die Eier mit dem zerdrückten Knoblauch, den ätherischen Ölen und reichlich Salz verschlagen. In eine dritte Schale das Mehl geben. Die Pilze einzeln zuerst in Mehl wälzen, dann in die Eier tauchen und sofort im Paniermehl wenden.
Die panierten Pilze in heißem Pflanzenöl schwimmend goldbraun ausbacken.

Gefüllte Avocados (4 Portionen)

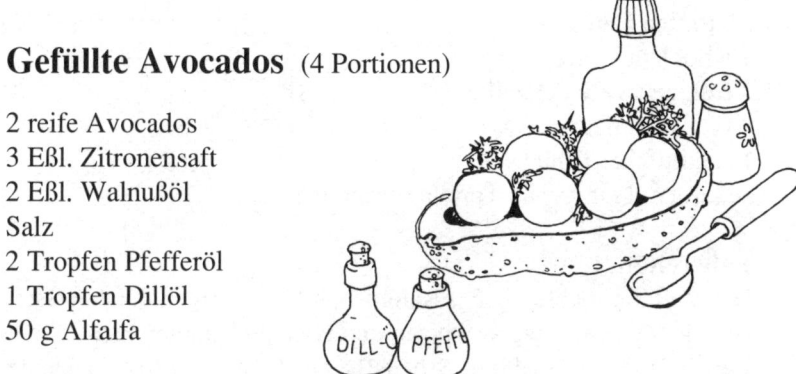

2 reife Avocados
3 Eßl. Zitronensaft
2 Eßl. Walnußöl
Salz
2 Tropfen Pfefferöl
1 Tropfen Dillöl
50 g Alfalfa

Zubereitung:
Die Avocados halbieren, den Kern herauslösen und aus dem Fruchtfleisch mit einem Kugelausstecher Kugeln formen (etwas Fruchtfleisch in der Schale lassen). Das Avocadofleisch mit Zitronensaft beträufeln. Aus dem restlichen Saft, dem Öl und den ätherischen Ölen eine Salatsauce rühren. Alfalfa und die Avocadokugeln in die Sauce geben. Alles in die ausgehöhlten Avocadohälften füllen. Etwas durchziehen lassen.

Käsetörtchen (4 Portionen)

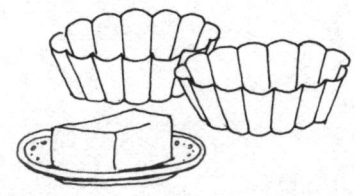

für den Teig:
125 g Weizenvollkornmehl

1/4 Teel. Salz
70 g kalte Butter
2 Eßl. kaltes Wasser

für den Belag:
250 g Speisquark
100 g weiche Butter
1 Eßl. Weizenvollkornmehl
Salz
2 Tropfen Pfefferöl
2 kleine Eier
2 Tropfen Cardamomöl
1 Knoblauchzehe
2 Eßl. gehackte Petersilie
2 Eßl. Pinienkerne
1 schnittfeste Tomate
außerdem Fett für die Tortelettförmchen

Zubereitung:
Das Vollkornmehl sieben, zusammen mit den übrigen Zutaten rasch
zu einem glatten Teig verkneten und etwa 30 Minuten kalt stellen.
Den Teig auf bemehlter Arbeitsfläche dünn ausrollen, 4 kleine
gefettete Tortelettförmchen (Durchmesser 10 cm) mit dem Teig
auslegen.
Für den Belag den Quark mit weicher Butter, Vollkornmehl, Salz
und den ätherischen Ölen verrühren. Nach und nach die Eier
unterrühren. Knoblauchzehe abziehen, fein würfeln, mit der Petersilie unter die Hälfte der Quarkmasse rühren. Diese Masse in zwei
der Förmchen füllen und glattstreichen.
Die Pinienkerne darauf streuen und etwas festdrücken. Die restliche
Quarkmasse in die übrigen Förmchen füllen und glattstreichen. Die
Tomaten in Scheiben schneiden und auf die Quarkmasse legen. Die
Törtchen im vorgeheizten Backofen bei 200 Grad 15-20 Minuten
backen.

Marinierte Auberginen (4 Portionen)

300 g Auberginen
Salz
125 g passierte Tomaten
2 Knoblauchzehen
2 Tropfen Pfefferöl
2 Tropfen Oreganoöl
1/2 Bund glatte Petersilie
kaltgepreßtes Speiseöl

Zubereitung:
Die Auberginen waschen und putzen, in daumendicke Scheiben,
dann in Würfel schneiden und etwa 10 Minuten in Salzwasser legen,
danach trockentupfen. Öl in einer Pfanne erhitzen und die Auberginen unter gelegentlichem Wenden goldbraun braten.
Passierte Tomaten dazugeben. Knoblauch schälen und darüberpres-
sen. Mit Salz, Pfeffer- und Oreganoöl würzen. Einmal aufkochen
lassen.
Mit der geputzten Petersilie bestreuen und servieren.

Marinierte Pilze (4 Portionen)

3 Knoblauchzehen
8 Eßl. Olivenöl
5 Eßl. Gemüsebrühe
Saft von 1/2 Zitrone
1 Tropfen Lorbeeröl
2 Tropfen Pfefferöl
1/2 Teel. Salz
500 g Champignons
Basilikum zum Garnieren

Zubereitung:
Die Knoblauchzehen schälen, vierteln. Mit allen Zutaten - bis auf die Pilze - in einen Topf geben und einmal aufkochen lassen. Etwa 20 Minuten ohne Deckel köcheln.
Inzwischen die Champignons putzen, waschen und vierteln. In den Sud geben und etwa 10 Minuten darin dünsten. Bei Zimmertemperatur abkühlen lassen. Zugedeckt im Kühlschrank 1-2 Tage marinieren.
Mit Basilikumblättern anrichten.

Spargelvinaigrette (4 Portionen)

1 kg grüner Spargel
Salz
1 Teel. Butter
1/2 Teel. Honig
2 Eßl. Sherryessig
2 Tropfen Pfefferöl
1/2 Teel. Dijon-Senf
4 Eßl. Nußöl
1 Tropfen Basilikumöl

Zubereitung:
Den Spargel waschen und am unteren Ende schälen. In vier Portionen bündeln.
In Salzwasser und Butter etwa 10 Minuten zugedeckt garen. Abtropfen lassen und auf Teller verteilen.
Für die Sauce Honig mit 1 Eßl. heißem Spargelwasser verrühren. Essig, Salz, Pfefferöl und Senf hinzufügen und gut verrühren. Zum Schluß Nußöl und Basilikumöl unterrühren. Über den lauwarmen Spargel träufeln.

Hauptgerichte

Auberginenfilets (4-6 Portionen)

4 Auberginen
Wasser
Salz
1 Eßl. Zitronensaft
2 Tropfen Pfefferöl
Paprika rosenscharf
2 Knoblauchzehen
je 1 Tropfen Petersilienöl, Thymianöl und Rosmarinöl
2 Eßl. Semmelbrösel
Olivenöl
4 Tomaten

Zubereitung:
Auberginen waschen und Stengel abschneiden. 15 Minuten in gesalzenem Wasser kochen, halbieren, Schnittflächen zuerst salzen und dann mit Zitronensaft beträufeln. Etwas Salz und die übrigen Zutaten, bis auf Olivenöl und Tomaten miteinander verrühren. Auberginenhälften damit bestreichen. Mit reichlich Olivenöl beträufeln. 5-7 Minuten bei 250 Grad C grillen.
Abgezogene, in Scheiben geschnittene Tomaten auf die Auberginen verteilen. Leicht salzen. Reichlich mit Öl beträufeln und noch etwa 5 Minuten grillen.

Bandnudeln mit Käsesauce (6 Portionen)

400 g Crème fraîche
100 g geriebener Emmentaler
250 g Bandnudeln
1 kg Spinat
2 Knoblauchzehen
3 Teel. Öl
30 g Butter
1 kleine Zwiebel

Salz
5 Tropfen Pfefferöl
5 Tropfen Muskatöl

Zubereitung:

1 gepreßte Knoblauchzehe und die Zwiebel in der Butter glasig dünsten. Crème fraîche zugeben und verrühren, den geriebenen Käse hineinrühren, der sich in der Sauce völlig auflösen muß. Mit Muskat - und Pfefferöl abschmecken und warm halten.
In einem großen Topf reichlich Wasser mit etwas Öl, Salz und einer gepellten Knoblauchzehe zum Kochen bringen und die Nudeln hineingeben. Nach 5 Minuten Kochzeit den gewaschenen und geputzten Spinat dazugeben und 5 Minuten mitkochen lassen. Wenn die Nudeln gar sind, Spinat und Nudeln mit einem Schaumlöffel aus dem Wasser heben, abtropfen lassen und in eine vorgewärmte Schüssel geben. Die heiße Käsesauce darüber geben und sofort servieren.

Gefüllte Tomaten (6 Portionen)

75 g Naturreis
125 g Champignons
1 Zwiebel
3 Eßl. Olivenöl
3 Tropfen Thymianöl
1/2 Teel. Kräutersalz
1 Stengel Stangensellerie
8 große Tomaten

Zubereitung:

Reis nach Vorschrift garen. Gewaschene Pilze und geschälte Zwiebeln fein hacken. Beides in zwei Eßl.Öl andünsten. Mit Thymianöl und Kräutersalz würzen. Sellerie sehr fein schneiden. Mit Reis und gedünsteten Zutaten mischen, in die ausgehöhlten Tomaten füllen. Eine passende Auflaufform mit dem übrigen Öl einfetten, die

Tomaten hineinsetzen. Bei 160 Grad in den Backofen geben und 30 bis 35 Minuten backen.

Gefüllte Vollkornnudeln (6 Portionen)

400 g feines Vollkornmehl
4 große Eier
2 Eßl. Öl
1 Teel. Salz

Füllung:
1 Zwiebel
2-3 Möhren (etwa 200 g)
1 Eßl. Butter
1 Teel. gekörnte Gemüsebrühe
je 2 Tropfen Petersilienöl und Dillöl
1 Tropfen Melissenöl
2 Eßl. Crème fraîche
4 Eßl. geriebener Edamer

außerdem:
Mehl zum Ausrollen
Salz
4-5 kleine Zwiebeln
6 Eßl. Butter
2 Bund Basilikum

Zubereitung:
Aus Mehl, Eiern, Öl und Salz einen geschmeidigen, jedoch festen Nudelteig bereiten. Gut zudecken und bei Zimmertemperatur 1 Stunde ruhen lassen.
Inzwischen die Füllung bereiten. Zwiebeln fein hacken. Möhren schälen und auf der Rohkostreibe raspeln.
Butter in einer Pfanne zerlassen, die Zwiebel darin glasig dünsten. Möhren zufügen, kurz dünsten. Mit etwa 8 Eßl. Wasser ablöschen.

Das Brühpulver, ätherische Öle und Crème fraîche einrühren. Die Masse dick cremig einkochen lassen, dann den Käse untermischen. Den Nudelteig auf der gut bemehlten Arbeitsfläche dünn ausrollen, Rechtecke von ca. 4 x 8 cm ausradeln. Jeweils einen Teel. Füllung darauf geben, die Rechtecke von der schmalen Seite her zusammenklappen und die Ränder mit einer Gabel fest andrücken. Nudeltaschen in kochendem Wasser etwa 20 Minuten leicht sieden lassen. In der Zwischenzeit die übrigen Zwiebeln abziehen und in feine Ringe schneiden. In der zerlassenen Butter unter gelegentlichem Rühren goldbraun braten.

Basilikum abspülen, Blättchen von den Stengeln zupfen und erst zum Schluß unter die Röstzwiebeln mischen.

Nudeln abgießen und in eine vorgewärmte Schüssel füllen, mit der Zwiebelbutter reichen.

Glasierte Karotten (4 Portionen)

750 g Karotten
50 g Butter
Salz
2 Tropfen Pfefferöl
3 Orangen (unbehandelt)
2 Tropfen Cardamomöl
1 Teel. Honig
1 Eßl. Orangenlikör

Zubereitung:

Karotten kleinschneiden. 30 g Butter zerlassen, ätherische Öle dazugeben und die Karotten darin andünsten. 1 Teel. Orangenschale abreiben, Orange auspressen, beides zu den Karotten geben. Bei kleiner Hitze etwa 25-30 Minuten dünsten, bis die Karotten gar sind. Dann, bei geöffnetem Deckel, Flüssigkeit verkochen lassen, restliche Butter und Honig zufügen, unter ständigem Rühren glasieren, d.h. schmoren, bis die Karotten von einer glänzenden Schicht überzogen sind. Aus der Pfanne nehmen, warm halten. Die zwei restlichen Orangen bis auf das Fruchtfleisch abschälen, in dünne Scheiben schneiden, in der Pfanne mit dem Likör erhitzen, mit den Karotten anrichten.

Gorgonzola-Eier (4 Portionen)

250 g sehr reifer, weicher Gorgonzola
0,2 l Sahne
Salz
je 2 Tropfen Pfeffer- und Muskatöl
8 hartgekochte Eier
1 Eßl.Butter

Zubereitung:
Käse entrinden, in kleine Würfel schneiden und mit der Sahne in einen Topf geben. Bei milder Hitze erwärmen, dabei ständig mit dem Schneebesen rühren, bis der Käse geschmolzen ist.
Soße mit Salz, Pfeffer- und Muskatöl würzen.
Eier pellen, mit dem Eierschneider in Scheiben teilen.
Eine Auflaufform mit Butter ausfetten, die Hälfte der Eierscheiben einschichten. Mit der Hälfte der Käsesoße übergießen. Restliche Eischeiben einschichten, mit der verbliebenen Soße überdecken.
Die Auflaufform in den auf 200 Grad vorgeheizten Ofen schieben, etwa 20 Minuten überbacken.

Griechische Auberginen (6 Portionen)

4 Eier
Saft einer Zitrone
2 mittelgroße Auberginen
3/4 Tasse Semmelbrösel
1 Tropfen Oreganoöl
1 Tropfen Basilikumöl

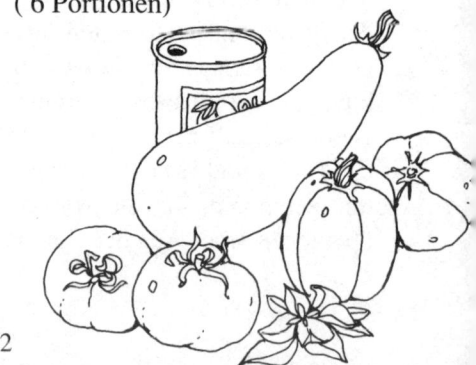

1/2 Teel. Salz
1/2 Tasse Olivenöl
1 Eßl. Knoblauch zerdrückt

Zum Überbacken:
2 grüne Paprikaschoten, in kleine Streifen geschnitten
1 Tasse Zwiebeln, in dünne Scheiben geschnitten
1 1/2 Tassen Pilze, in dünne Scheiben geschnitten
1/4 Tasse Olivenöl
1 Tropfen Basilikumöl
1 Tropfen Oreganoöl
2 Tomaten, in dünne Scheiben geschnitten
6 Eßl. Parmesankäse, gerieben
1 Tasse Gruyère - Käse, gerieben
2 Tassen Mozarella-Käse, gerieben

Zubereitung:
Eier mit Zitronensaft mischen. Auberginen der Länge nach in ca. 1
cm dicke Scheiben schneiden.
Semmelbrösel mit Oregano-, Basilikumöl und Salz vermischen.
Auberginenscheiben zuerst in Ei, dann in den Semmelbröseln
wälzen, dann in Olivenöl mit Knoblauch anbraten, bis sie innen zart
und außen knusprig und braun sind.
Paprika, Zwiebeln und Pilze in Olivenöl anbraten, bis sie gar, aber
noch knackig sind. Basilikum- und Oreganoöl dazugeben.
Auberginenscheiben in eine gefettete feuerfeste Form legen. Das
Gemüse auf die Auberginenscheiben verteilen. Den Käse darüberstreuen. Im heißen Ofen überbacken, bis der Käse geschmolzen und
braun ist.

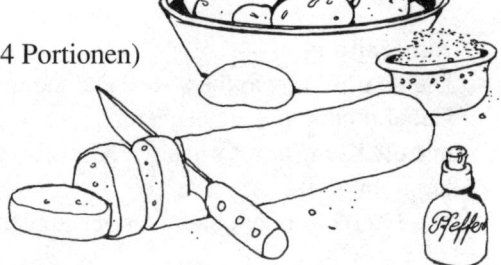

Kartoffelschnitzel (4 Portionen)

400 g Pellkartoffeln
3 Eßl. geriebener Gouda
Salz
3 Tropfen Pfefferöl

2 Tropfen Thymianöl
200 g Vollkorngrieß
1/8 l Milch

zum Braten:
80 g Butter

Zubereitung:
Kartoffeln pellen und durchpressen. Restliche Zutaten unterkneten.
Eine Rolle formen, in 1 cm dicke Scheiben schneiden. In heißem
Fett von beiden Seiten ca. 5 Minuten braten.

Kartoffel-Paprika-Curry (6 Portionen)

etwa 800 g kleine Kartoffeln
5 Eßl. Sonnenblumenöl
3 gelbe und 3 grüne Paprikaschoten (etwa 1kg)
2 Zwiebeln
je 2 Tropfen Koriander- und Pfefferöl
1 Tropfen Cuminöl
2 Eßl. gehackte Mandeln
1 Tropfen Cardamonöl
1 Tropfen Muskatöl
1 Knoblauchzehe
2 Teel.Salz
250 g Joghurt
2 Eßl. gehackte Petersilie

Zubereitung:
Die Kartoffeln waschen, schälen, nochmals waschen und mit einer
Gabel rundherum einstechen und trockentupfen. 3 Eßl. Öl erhitzen
und die Kartoffeln darin unter häufigem Rühren in etwa 15 Minuten
braun braten.
Die Paprikaschoten halbieren, entstielen, entkernen, waschen und

in etwa 2 cm große Quadrate schneiden. 1 Eßl. Öl erhitzen und die Paprikastücke darin etwa 5 Minuten anbraten. Zwiebeln abziehen, würfeln. 1Eßl. Öl erhitzen und Koriander-, Pfeffer-, Cumin-, Cardamom- , Muskatöl und Mandeln darin andünsten. Zwiebelwürfel hinzufügen, in etwa 5 Minuten braun braten. Knoblauchzehe abziehen, zerdrücken und mit dem Salz und 5 Eßl. Wasser unterrühren. Noch etwa 10 Minuten dünsten lassen, dabei nach und nach den Joghurt dazugeben, Kartoffeln und Paprika dazugeben, noch etwa 10 Minuten schmoren lassen und die Petersilie unterrühren.

Kürbisschnitzel (6 Portionen)

etwa 750 g Kürbis
1 Eßl. Butter
Salz
1 Ei
1 Teel.Apfelessig
1 Teel. Honig
30 g Korinthen
3 Eßl. Maisgrieß
1 Tropfen Zimtöl und je 2 Tropfen Muskat- und Pfefferöl
Sojasauce
4-5 Eßl. Sonnenblumenöl

für das Mus :
50 g Walnußkerne
50 g Paranußkerne
50 g Mandeln
250 ml (1/4l) Buttermilch
3 Eßl. Alfalfakeime

Zubereitung:
Den Kürbis schälen, von Kernen und Innenfäden befreien, das

Fleisch in Würfel schneiden. Butter zerlassen, Kürbis darin andünsten, mit 1/2 Teel. Salz würzen. Kürbis in etwa 25 Minuten gar dünsten. Das Kürbisfleisch durch eine Kartoffelpresse drücken und mit Ei, Apfelessig, Honig, Korinthen und Maisgrieß vermengen. Mit den ätherischen Ölen abschmecken und etwa 30 Minuten durchziehen lassen, danach kleine Fladen aus dem Teig formen. Öl in einer Pfanne erhitzen und die Fladen darin von beiden Seiten braten und auf Küchenkrepp abtropfen lassen. Für das Mus die Nüsse in dem Bratfett etwa 4 Minuten rösten. Mit der Buttermilch in einem Mixer pürieren, erhitzen. Alfalfakeime unterrühren, mit Salz und Pfefferöl abschmecken und heiß zu den Kürbisschnitzeln reichen.

Maultaschen (4 Portionen)

300 g Weizenvollkornmehl
2 Eier
2 Eßl. kaltgepreßtes Öl
Salz
100 ml Wasser
1 Zwiebel
2 Knoblauchzehen
375 g Wirsing
1 Eßl. Butter
Salz
je 2 Tropfen Pfeffer- und Muskatöl
1 Tropfen Kümmelöl
1 Bund Petersilie
4 Eßl. Crème fraîche
1 Ei
50 g Butter
50 g Parmesankäse

Zubereitung:
Aus Mehl, Eiern, Öl, Salz und Wasser einen festen Teig kneten und

1-2 Stunden in Folie eingewickelt ruhen lassen.
Für die Füllung Zwiebel und Knoblauch schälen und fein hacken.
Den Wirsing ganz fein schneiden. Alles in heißer Butter 15 Minuten dünsten und mit Salz, Pfeffer-, Muskat- und Kümmelöl abschmekken. Petersilie hacken und mit Crème fraîche unter den Wirsing mischen. Abkühlen lassen.
Den Teig auf einer bemehlten Fläche zu zwei rechteckigen Platten (ca. 40 x 40 cm) ausrollen.
Je 1 Eßl. Wirsing in gleichmäßigen Abständen auf eine Teigplatte geben. Die Zwischenräume mit verquirltem Ei bestreichen.
Die zweite Teigplatte darüberlegen, in den Zwischenräumen gut andrücken. Etwa 10x10 cm große Vierecke ausschneiden. Die Maultaschen in kochendem Salzwasser etwa 10 Minuten garen.

Rolf´s Rotkohl (4-6 Prtionen)

750 g Rotkohl
3 Äpfel
1 Zwiebel
30 g Sesamöl
1/4 l heißes Wasser
2 Tropfen Lorbeeröl
2 Tropfen Wacholderbeeröl
2 Tropfen Pfefferöl
1 Tropfen Nelkenöl

Zubereitung:
Rotkohl putzen und in Streifen schneiden. Äpfel schälen, entkernen und vierteln. Zwiebelscheiben in Sesamöl glasig braten. Wasser zugießen. Aufkochen und mit den übrigen Zutaten - bis auf die Speisestärke - mischen. Rotkohl und Äpfel reingeben.
Im geschlossenen Topf 60 Minuten dünsten. Dabei gelegentlich umrühren. Gegen Ende mit den ätherischen Ölen würzen.

Rösti mit Pilzsauce (4-5 Portionen)

Rösti:
8 mittelgroße Kartoffeln

Pilzsauce:
1 Zwiebel, feingehackt
2 Eßl. Olivenöl
2 Eßl.Sojasauce
200 g Sojafleisch, feingewürfelt
350 g Champignons, gewaschen, in dicke Scheiben geschnitten
1/2 Tasse Weißwein
1/2 Tasse Gemüsebrühe
1/2 Tasse süße Sahne
2 Tropfen Basilikumöl
1 Tropfen Tymianöl
2 Tropfen Pfefferöl
1/2 Teel. Salz
2 Eßl. Mehl
4 Eßl. Milch

Zubereitung:
Sojafleisch 2 Std. vorher mit 2 Eßl. Sojasacuce in Wasser einweichen.
Kartoffeln fast weich kochen, abtropfen und abkühlen lassen. Dann
grob reiben. Die geriebenen Kartoffeln zu einem großen Fladen zu-
sammendrücken und in Butter auf beiden Seiten goldbraun anbraten. Mit Salz und Pfefferöl abschmecken.
Für die Sauce Zwiebeln in Olivenöl weich und glasig dünsten. Vom
eingelegten Sojafleisch das Wasser abgießen. Das Fleisch und die
Pilze zugeben. Dann Wein und Brühe aufgießen. Auf kleiner Flamme 10–15 Minuten kochen. Sahne und ätherische Öle dazugeben.
Mehl mit Milch anrühren und in die Sauce rühren. Zum Schluß abschmecken.

Rettich-Gulasch (4-6 Portionen)

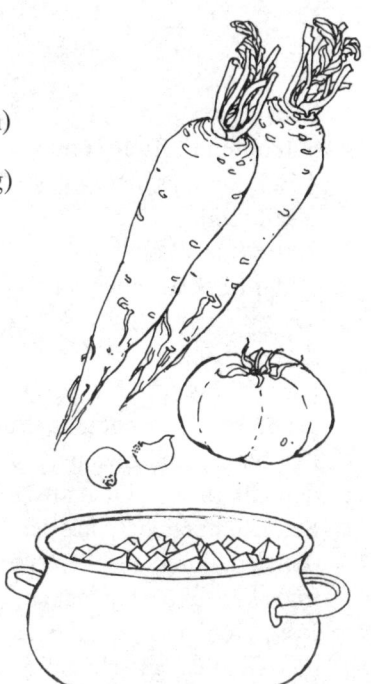

2 große weiße Rettiche (je etwa 400 g)
1 Knoblauchzehe
3 Zwiebeln
2 Fleischtomaten
50 g Butter
1-2 Eßl. Currypulver
je 2 Tropfen Cumin- und Pfefferöl
1 Eßl. geraspelter frischer Ingwer
Salz
Sojasauce
50 g geriebene Cashewnüsse
150 g Sahnejoghurt
1 Teel. Zitronensaft
1/2 Bund glatte Petersilie

Zubereitung:

Die Rettiche putzen, waschen, schälen, in 3 cm lange, 1/2 cm breite
Streifen schneiden. Knoblauch und Zwiebeln abziehen, sehr fein
würfeln. Tomaten überbrühen, enthäuten, kleinschneiden. Butter in
einer Kasserolle zerlassen.
Curry, Cumin- und Pfefferöl hinzufügen, Zwiebeln, Knoblauch und
Ingwer darin andünsten und etwa 5 Minuten schmoren lassen. Dann
erst Rettich, Salz und Sojasauce zufügen, in etwa 15 Minuten gar
dünsten. Tomatenstücke, Nüsse, Sahnejoghurt und Zitronensaft
zugeben, noch 2 Minuten schmoren. Petersilie waschen, Blättchen
abstreifen, auf das Rettich-Curry streuen.

Rosenkohl in Kürbispüree (4-6 Portionen)

500 g Kürbis
30 g Butter
1 Knoblauchzehe
1 Zwiebel

Salz
3 Tropfen Pfefferöl und 2 Tropfen Cuminöl
4 Eßl. Schlagsahne
1 Eßl. milder Senf
700 g Rosenkohl
200 ml Schlagsahne

Zubereitung:
Den Kürbis schälen, Fasern und Kerne entfernen, Kürbisfleisch in
grobe Würfel schneiden. Butter zerlassen, Kürbis darin andünsten.
Knoblauch und Zwiebel abziehen, fein würfeln, dazugeben und mit
den ätherischen Ölen abschmecken.
Sahne unterziehen und den Kürbis in etwa 15 Minuten ganz weich
dünsten, durch ein Sieb streichen, Senf dazugeben, das Mus nochmals kräftig abschmecken.
Rosenkohl putzen, Stiele von unten kreuzweise einschneiden, damit
das Gemüse gleichmäßig gart. Zum Kürbismus geben und bei
kleiner Hitze in etwa 15 Minuten garen. Evtl. während des Garens
noch etwas Wasser oder Sahne zufügen.

Spaghetti mit Walnuß-Tomatensauce (4 Portionen)

1 Zwiebel
1 Knoblauchzehe
6 Eßl.Olivenöl, kaltgepreßt
6 große Tomaten, geschält
Salz
3 Tropfen Pfefferöl
2 Tropfen Oreganoöl
1 Tropfen Thymianöl
350 g ungeschälte Walnüsse
1 Bund Petersilie
400 g Vollkornspaghetti
2 Teel. Walnußöl

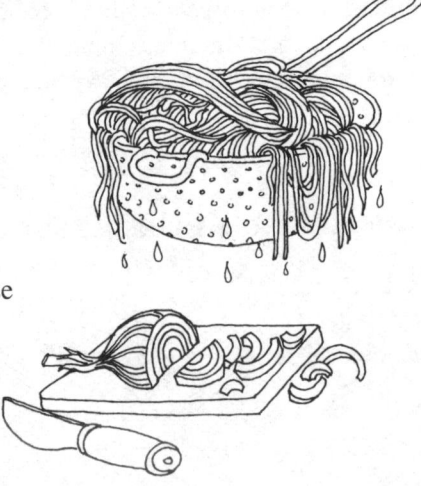

Zubereitung:
Zwiebel und Knoblauch hacken, im Öl andünsten. Die Tomaten und die ätherischen Öle zufügen. Unter gelegentlichem Rühren zu einer dicklichen Soße einkochen.Inzwischen die Walnüsse knacken, Kerne herauslösen und grob hacken.
Vollkornspaghetti in sprudelnd kochendem Salzwasser so garen, daß sie noch Biß haben. In ein Sieb gießen, abtropfen lassen und mit ein wenig Abtropfwasser in den Topf zurückschütten. Walnußöl untermischen. Walnüsse und die Petersilie unter die Sauce rühren. Abschmecken.

Spinat-Lasagne (4 Portionen)

1 kg Spinat
Salz
275 g Vollkornlasagnenudeln
2 Zwiebeln
4 Eßl. Butter
1 Teel.Gemüsebrühe
je 2 Tropfen Muskat- und Pfefferöl
3 Eßl.Vollkornmehl
1/2 l Milch
2 Ecken Schmelzkäse (à 62 g)
75 g Parmesankäse

Zubereitung:
Spinat putzen und waschen.
Elektroofen auf 200 Grad vorheizen. Reichlich Salzwasser zum Kochen bringen. Nudelblätter darin portionsweise je 5 Minuten vorgaren. Herausnehmen.
Zwiebeln abziehen, fein würfeln. 1 Eßl. Fett in einem breiten Topf erhitzen, Zwiebelwürfel darin glasig schwitzen. Spinat und Brühe zugeben. Zugedeckt 10 Minuten garen, dabei immer wieder umrühren. Mit Muskat- und Pfefferöl abschmecken. Spinat aus dem Gemüsewasser nehmen. Die Brühe auf wenige Eßl. einkochen.

2 Eßl. Fett in einem Topf erhitzen bis es nicht mehr schäumt, Mehl zugeben und anschwitzen , mit der Milch ablöschen, dabei kräftig rühren. Diese Béchamelsauce 10 Minuten köcheln lassen. Schmelzkäse und die eingekochte Brühe dazugeben und glatt rühren. Abschmecken.
Auflaufform (2,5 l) einfetten. Abwechselnd Nudeln, Spinat, Béchamelsauce und Parmesan einschichten. Mit Nudeln, Béchamelsauce und Parmesan abschließen. Restliches Fett darüber verteilen. Im Ofen 30 Minuten backen. (Gas Stufe 3).

Sabines Lauchstrudel (4 Portionen)

für den Teig:
200 g frisch gemahlenes Vollkornmehl
1 Ei
1 Eßl. Öl
1 Tasse lauwarmes Wasser
1 Teel. Meersalz
3 Tropfen Kümmelöl
2 Tropfen Korianderöl
2 1/2 Eßl. Honig
2 Eßl. Obstessig

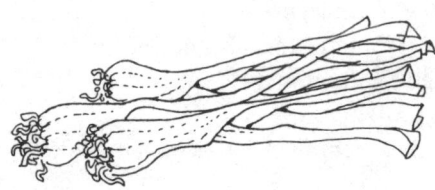

für die Füllung:
50 g Butter
2 Zwiebeln
2 Stangen Lauch
2 Knoblauchzehen
1 Teel. Salz
250 g Magerquark
2 Eier
125 g geriebenen Emmentaler
2-3 Eßl. Semmelbrösel
Meersalz

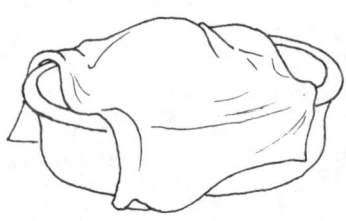

6 Tropfen Pfefferöl
4 Tropfen Muskatöl
1 Bund Schnittlauch

außerdem:
Öl zum Ausfetten
1 Eigelb

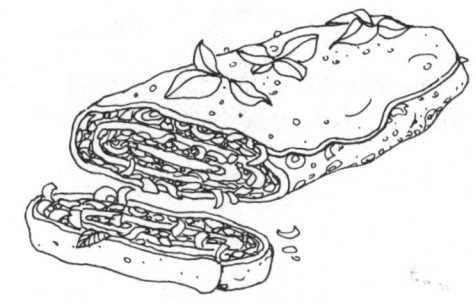

Zubereitung:
Vollkornmehl, Ei, Öl, Wasser, Salz, Kümmel- und Korianderöl,
Honig und Obstessig zu einem geschmeidigen Teig verarbeiten. Mit
einem feuchten Tuch abdecken und 1/2 Stunde ruhen lassen.
In der Zwischenzeit für die Füllung die Butter in einem Topf
erhitzen und die gewürfelten Zwiebeln sowie den geputzten und in
Streifen geschnittenen Lauch darin glasig dünsten.
Die mit Salz zerriebenen Knoblauchzehen dazugeben und kurz
mitdünsten, vom Feuer nehmen und erkalten lassen.
Den Magerquark mit den Eiern glattrühren, die Lauch-Zwiebel-
Mischung und den Emmentaler darunterheben. Mit den Semmel-
bröseln mischen, mit Salz, Pfeffer- und Muskatöl würzen.
Den gehackten Schnittlauch unter die Quarkmasse heben. Auf
einem Küchentuch den Teig hauchdünn ausrollen und zur Hälfte mit
der Quarkmasse belegen. Mit Hilfe des Küchentuches zu einem
Strudel zusammenrollen.
In eine ausgefettete Bratenform legen und im auf 200 Grad C vor-
geheizten Backofen 35 - 40 Minuten backen.
Kurz vor Garende das Eigelb mit Wasser glattrühren und den
Strudel damit bestreichen.

Spinatrolle (4 - 6 Personen)

Pilzfüllung:
1/4 Tasse Butter
4 Tassen Pilze, in Scheiben geschnitten
1 Tropfen Thymianöl
6 Knoblauchzehen, geschält, zerstoßen

2 Tropfen Basilikumöl
1 Tropfen Rosmarinöl
2 Tassen Sahne-Milch-Mischung (1 Tasse Sahne, 1 Tasse Milch)
5 Eßl. Vollkornmehl in 1/3 Tasse Wasser angerührt
Salz
Pfefferöl

Rolle:
500 frischer Spinat, gewaschen, Stiele entfernt
1 Eßl. Butter
8 Eigelb
5 Eiweiß, steif geschlagen
1/3 Tasse Parmesankäse
1 Eßl. Paprika
Salz
Pfefferöl

weiße Sahnesauce:
3 Eßl. Vollkornmehl
3 Eßl. Butter
2 Tassen Milch
1 Tasse Weißwein
1 mittelgroße Zwiebel, feingewürfelt und glasig gedünstet
2 Tropfen Petersilienöl

Zubereitung:
Für die Füllung Pilze in Butter dünsten, Knoblauch, Thymian-, Basilikum- und Rosmarinöl dazugeben. Sahne-Milch-Mischung hinzufügen und schwach aufkochen lassen. Das in Wasser angerührte Mehl darunterrühren. 3 Minuten kochen lassen und abschmecken.
Für die Rolle den Spinat kochen, abtropfen lassen und das Wasser herausdrücken. Im Mixer pürieren. Das sollte ca. 1,5 Tassen ergeben. Spinat in eine Schüssel geben. Eigelb hineinrühren und Eischnee unterheben.
Eine ca. 30 x 38 cm große Backform mit Backpapier auslegen und mit Butter auspinseln.

Spinatmischung daraufgießen und gleichmäßig verteilen. Den mit Paprika vermischten Parmesankäse darüberstreuen.

10 - 15 Minuten bei 180 Grad C im Ofen backen, bis die Mischung fest ist. Nun die Mischung auf ein feuchtes Tuch stürzen und das Papier abziehen.

Pilzfüllung darübergeben und das Ganze vorsichtig vom kurzen Ende her aufrollen. Rolle in die Backform legen, in den auf 120 Grad C vorgeheizten Ofen stellen und warm halten, bis die Sauce hergestellt ist.

Für die Sauce Mehl mit Butter 1 Minute lang anschwitzen. Langsam die Milch darunterrühren. Wein dazugießen und 2 Minuten schwach kochen lassen. Gedünstete Zwiebeln und Petersilienöl hineinrühren. Mit Salz und Pfefferöl abschmecken.

Einen Teil der Sauce über die Roulade geben. Restliche Sauce dazu reichen.

Sahnepaprika (4 Portionen)

Aus verschiedenfarbigen Paprikaschoten!
1 mittelgroße Zwiebel
3 Knoblauchzehen
100 g Lauch/Porree
500 g Paprikaschoten
300 g Tomaten
3 Eßl. Sonnenblumenöl
2 Gemüsebrühwürfel
20 g Butter
100 g saure Sahne
2 Tropfen Pfefferöl
je 1 Tropfen Petersilien-, Oregano-, Basilikum-, Thymian- und Macisöl

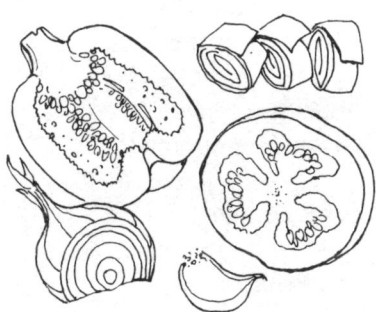

Zubereitung:
Zwiebel und Knoblauch schälen, fein hacken. Lauch putzen, waschen und in feine Ringe schneiden. Paprikaschoten vierteln, die

weißen Innenwände und die Kerne entfernen, Schoten in 1 cm breite Streifen schneiden. Tomaten würfeln.

Alles in einen Topf geben, Öl beifügen und unter Rühren 2 - 3 Minuten schmoren. Dann zugedeckt bei kleiner Hitze etwa 20 Minuten dünsten, bis das Gemüse weich ist. Brühwürfel, Butter und saure Sahne beifügen. Mit den ätherischen Ölen abschmecken.

Soja-Ragout (6 - 8 Portionen)

4 Eßl. Butter
1/2 - 1 Teel. Knoblauch, zerdrückt
2 Zwiebeln, feingewürfelt
1 1/2 Karotten, gerieben
3 Tropfen Basilikumöl
2 Tropfen Oreganoöl
1 Tropfen Thymianöl
2/3 Tasse Sojagranulat (1/2 Std. in lauwarmem Wasser eingeweicht)
1/3 Tasse Rotwein
2 Tassen Tomatenmark
1 Tasse Wasser
1 Eßl. Salz
3 Tropfen Pfefferöl

Zubereitung:
Butter zerlassen, Knoblauch und Zwiebeln darin anbraten, bis sie weich sind.

Geriebene Karotten zugeben und gründlich umrühren. Einige Minuten auf kleiner Flamme kochen lassen, ätherische Öle und Sojafleisch hinzufügen. Fünf Minuten weiterkochen lassen, Wein zufügen. Auf dem Feuer lassen, bis die Sauce aufkocht. Jetzt Tomatenmark und Wasser zugeben, kurz aufkochen lassen, dann 15 Minuten auf kleiner Flamme köcheln lassen. Mit Salz und Pfefferöl abschmecken.Mit Spaghetti und geriebenem Käse servieren!

Tomaten mit Hut (6 Portionen)

6 Tomaten
2 Tassen gekochten Vollreis
2 Eßl. Olivenöl
1 Zwiebel und 2 Schalotten (gehackt)
1 zerdrückte Knoblauchzehe
2 Tropfen Estragonöl
1 Tropfen Petersilienöl
1 Tropfen Pfefferminzöl
1 Eßl. Tamari
Meersalz
2 Tropfen Pfefferöl
2 Eßl. Korinthen
2 Eßl. Mandeln (gemahlen)
Vollkornsemmelbrösel

Zubereitung:
Tomaten waschen, Hütchen abschneiden und aushöhlen (das Innere behalten). Die Tomaten innen leicht mit Salz und Pfefferöl einreiben und den Saft austropfen lassen. Zwiebeln, Schalotten und Knoblauch in Olivenöl hellgelb anrösten. Korinthen, Mandeln, Petersilie-, Estragon- und Pfefferminzöl dazutun, kurz aufkochen und die Tomatenstückchen, sowie den Reis hinzufügen. Mit Tamari würzen und die Tomaten mit dieser würzigen Mischung füllen, dann die Hütchen aufsetzen und die Tomaten in eine geölte Auflaufform setzen. Mit Bröseln bestreuen und mit Öl betropfen, danach 15 bis 20 Minuten im Backofen schmoren.

Zucchininudeln

500 g Zucchini
6 Eßl. Olivenöl
1 Knoblauchzehe
50 g Pistazienkerne

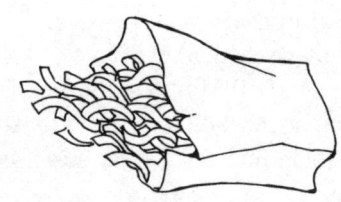

250 g Vollkornnudeln (Trenette oder Tagliatelle)
3 Tropfen Basilikumöl
2 Tropfen Pfefferöl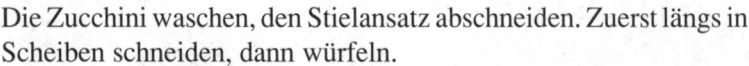
Salz

Zubereitung:
Die Zucchini waschen, den Stielansatz abschneiden. Zuerst längs in
Scheiben schneiden, dann würfeln.
Reichlich Salzwasser für die Bandnudeln zum Kochen bringen. 3 -
4 Eßl. Öl in einer tiefen Pfanne erhitzen. Knoblauchzehe schälen
und im heißen Fett Farbe annehmen lassen. Danach herausheben,
Zucchiniwürfel im Öl etwa 10 Minuten garen. Salzen und pfeffern.
Pistazienkerne im Mörser zerstampfen. Nudeln 8 bis 10 Minuten
bißfest kochen. Abgießen und noch einmal kurz in einer beschich-
teten, mit 2 Eßl. Olivenöl erhitzten Pfanne heiß werden lassen.
Pistazien unterziehen. Mit Pfeffer- und Basilikumöl würzen.
Die Bandnudeln in eine Suppenschüssel füllen und die Zucchiniwürfel separat dazu reichen.

Zucchinischiffchen (4 - 6 Personen)

4 große Zucchini
6 Scheiben Weizenvollkornbrot
4 Eßl. geriebener Parmesankäse
1 Löffelspitze Rosmarinöl u. 1 Löffelsp. Majoranöl
1/4 Teel. Oreganoöl und 1/4 Teel. Salbeiöl
1 Eßl. Margarine
Zubereitung:
Zucchini waschen, die Spitzen abschneiden. Das Gemüse über
Wasserdampf 10 Minuten dünsten. Dann längs halbieren und jede
Hälfte etwas aushöhlen, Fruchtfleisch fein zerquetschen und mit
Brotkrümeln und 2 Eßl. Parmesan und den ätherischen Ölen mischen.

In die Zucchini füllen und diese dicht aneinander in eine passende Auflaufform setzen. Mit Margarineflöckchen bestreuen und bei 160 Grad C etwa 15 Minuten backen, mit dem übrigen Käse bestreuen.

Zucchini-Champignon-Torte (6 Portionen)

für den Teig:
250 g Weizenvollkornmehl
125 g kalte Butter
1 Ei
2 Eßl. Wasser
Salz

für den Belag:
600 g kleine Zucchini
600 g Champignons
4 Eßl. Butter
3 Tropfen Pfefferöl
2 Tropfen Oreganoöl
4 Knoblauchzehen
250 ml (1/4 l) Schlagsahne
2 Eigelb
2 Tropfen Muskatöl
Butter

Zubereitung:
Für den Teig das Mehl auf die Arbeitsfläche sieben, Butter, Ei, Wasser und Salz dazugeben und rasch zu einem glatten Teig verkneten. Teig eingewickelt etwa 1 Stunde im Kühlschrank ruhen lassen. Für den Belag Zucchini und Pilze in dünne Scheiben schneiden. Butter zerlassen, ätherische Öle hinzugeben, Zucchini und Pilze darin portionsweise 4 - 5 Minuten braten. Zucchini und Pilze vermengen, mit Salz würzen.
Knoblauch abziehen, durch die Presse drücken und unterrühren. Sahne mit Eigelb schlagen, mit Muskatöl, Salz und Pfefferöl wür-

zen.
Den Teig auf bemehlter Fläche messerrückendick ausrollen. Eine gefettete Springform (Durchmesser etwa 26 cm) mit dem Teig auslegen, so daß ein etwa 4 cm hoher Rand entsteht. Gemüse gleichmäßig auf dem Boden verteilen, mit der Eiersahne übergießen. Form auf dem Rost in den auf etwa 225 Grad C (Gas Stufe 4) vorgeheizten Backofen schieben und die Torte 50 - 60 Minuten backen.

Saucen

Mailänder Tomaten-Sauce (3 Portionen)

4 kleine Dosen Tomatenmark (je 70 g)
200 g Wasser
1 Gemüsebrühwürfel
4 Eßl. Sahne
50 g Butter
1 Eßl. Rotwein
1 Knoblauchzehe
je 1 Tropfen Majoran-, Basilikum- und Thymianöl

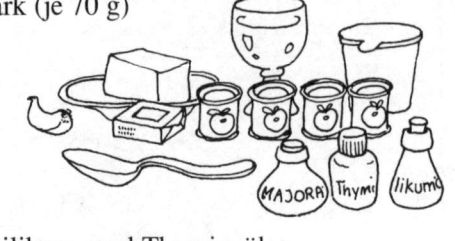

Zubereitung:
Tomatenmark mit Wasser und dem Brühwürfel in einem kleinen
Kochtopf verrühren. Erhitzen, aber nicht kochen. Sahne, Butter,
Rotwein, Knoblauch zerdrückt und ätherische Öle unter die Toma-
tensauce geben.

Tomaten-Quark-Sauce (3 Portionen)

250 g Quark
2 kleine Dosen Tomatenmark (je 70 g)
1 Tropfen Thymianöl
3 Tropfen Basilikumöl
100 - 200 g saure Sahne
Kräutersalz

Zubereitung:
Den Quark mit dem Tomatenmark cremig rühren. Saure Sahne,
Kräutersalz und ätherische Öle hinzugeben und sachte unter Um-
rühren erwärmen. (Nicht kochen).

Vierkräutersauce mit saurer Sahne (8 Portionen)

je 3 Tropfen Petersilien- und Basilikumöl
1 Tropfen Dillöl, 1 Tropfen Estragonöl

2 Tassen saure Sahne
2 Tassen Ricottakäse
1 Tasse süße Sahne
1/2 Tasse Joghurt
2 Tropfen Pfefferöl
Salz

Zubereitung:
Saure Sahne mit Ricotta vermischen. Süße Sahne steif schlagen und
daruntermengen. Joghurt und die ätherischen Öle dazugeben und
abschmecken. Die Sauce schmeckt gut zu gebackenen Kartoffeln
oder als Salat-Dressing.

Weißweinsauce (3 Portionen)

4 Eßl. Butter
1 Msp. Knoblauch, zerstoßen
1 Eßl. Vollkornmehl
1 Tasse Weißwein
1 Tasse süße Sahne
je 1 Tropfen Pfeffer-, Estragon- und Basilikumöl
1/4 Teel. Salz
Saft von 1/8 Zitrone

Zubereitung:
Butter in einer Pfanne zerlassen und Knoblauch zufügen. Mehl
dazugeben und eine Einbrenne herstellen. Langsam den Weißwein
dazugießen. Wenn er aufkocht, vorsichtig die Sahne dazugießen.
Ätherische Öle und Zitronensaft hinzufügen.
Sauce 5 Minuten lang sanft köcheln lassen, bis sie leicht dickflüssig
ist.

Salate

Arabischer Salat (2 Portionen)

8 Champignons
1 Möhre
1 Scheibe frische Ananas
1 Schälchen Kresse
1/2 Tasse Kürbiskerne
1/4 Tasse Rosinen

für die Sauce:
3 Teel. Sesamöl
je 1 Tropfen Pfeffer- und Ingweröl
1 Teel. Obstessig
Kräutersalz
1 Teel. Honig

Zubereitung:
Champignons und Möhren in Scheiben schneiden, Ananas würfeln.
Mit der Kresse, den Kürbiskernen und den Rosinen mischen. Aus
den übrigen Zutaten die Sauce bereiten und über den Salat gießen.

Gerstensalat (4 Portionen)

4 Eßl. saure Sahne
1 Eßl. Obstessig
2 Eßl. Sonnenblumenöl
2 Eßl. feine Zwiebelwürfel
je 2 Tropfen Petersilien- und Estragonöl
je 1 Tropfen Dill- und Thymianöl
3 Gewürzgurken
300 g Nacktgerste, gekocht
Kräutersalz
2 Tomaten
2 hartgekochte Eier
Kresse

Zubereitung:
Sahne mit Essig, Öl, Zwiebelwürfeln und den ätherischen Ölen verrühren. Gurken würfeln. Alles mit der Gerste vermengen. Mit Kräutersalz abschmecken. 30 Minuten zugedeckt ziehen lassen. Tomaten vierteln. Eier schälen und in Scheiben schneiden. Mit Kresse, Tomaten und Eierscheiben garnieren.

Indischer Salat (4 Portionen)

4 Möhren
4 Selleriestangen
1 italienischer Radicchio
4 Äpfel
4 Radieschen
1 - 2 Eßl. Mandeln
4 - 6 Eßl. Öl
1 - 2 Eßl. Zitronensaft
Rosinen
Kräutersalz
1 Teel. Honig
1 Tropfen Cuminöl
1 Tropfen Cardamomöl
2 Tropfen Mandarinenöl

Zubereitung:
Gemüse, Äpfel und Radieschen kleinschneiden, Mandeln rösten. Mischen.
Sauce aus den übrigen Zutaten bereiten. Über den Salat gießen.

Spinatsalat (6 Portionen)

1 Tasse Vollkornbrotwürfel, im Backofen getrocknet
2 - 4 Eßl. Butter
1 Teel. Knoblauch, zerstoßen
je 2 Tropfen Basilikum- und Oreganoöl
1 Tropfen Thymianöl
1/2 Tasse Sonnenblumenkerne, trocken geröstet

2 Eier, hartgekocht und in Scheiben geschnitten
500 g Spinat, ohne Stiele, kleingeschnitten
1/2 Tasse Karotten, gestiftelt
1/4 Tasse Parmesankäse
Dressing:
1/4 Tasse Olivenöl
2 Eßl. Weinessig
3 Tropfen Pfefferöl
Salz

Zubereitung:
Butter zerlaufen lassen und mit den ätherischen Ölen gut vermischen. Die getrockneten Brotwürfel kurz darin anbraten. Sonnenblumenkerne, Eier, Spinat und Karotten vorbereiten. Alles mit den Brotwürfeln vermengen und Parmesankäse dazugeben. Zutaten für das Dressing mischen und kurz vor dem Servieren über den Salat geben.

Weizensalat (4 Portionen)

4 Eßl. gekeimte Weizenkörner
200 g Hüttenkäse
150 g rote Bete
1 Eßl. frisch geriebener Meerrettich
je 1 Tropfen Melissen-, Dill- und Petersilienöl
2 Eßl. Zitronensaft
Kräutersalz
1 Messerspitze frisch geriebener Ingwer
1 säuerlicher Apfel

Zubereitung:
Weizenkörner und Frischkäse mit zwei Gabeln locker vermischen. Rote Rüben unter fließendem Wasser kräftig abbürsten und fein raspeln, mit Meerrettich vorsichtig unter das Getreide heben. Mit Zitronensaft, Kräutersalz, ätherischen Ölen und dem Ingwer abschmecken. Apfel in feine Scheiben schneiden und den Salat damit garnieren.

Gebäck

Hefe-Quark-Brot

Vorteig:
1400 g Weizenvollkornmehl
1/4 l Wasser
120 g Hefe

Hauptteig:
1/2 l Wasser
2 Eßl. Vollmeersalz
6 Tropfen Korianderöl
4 Tropfen Kümmelöl
4 Tropfen Anisöl
4 Tropfen Fenchelöl
500 g Magerquark
100 g Streumehl (Weizenvollkornmehl)

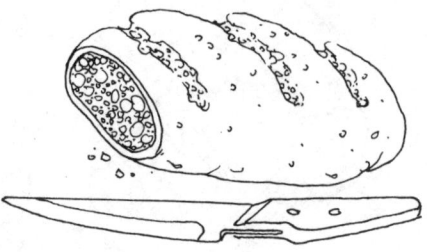

Zubereitung:
Das frisch gemahlene Weizenvollkornmehl in eine Schüssel geben, eine Mulde machen und darin die in warmem Wasser aufgelöste Hefe mit dem Mehl zu einem dicklichen Brei verrühren. 15 Minuten gehen lassen.
Nun das Vollmeersalz im lauwarmen Wasser auflösen und mit den ätherischen Ölen und dem Quark zum gegangenen Vorteig geben. Alles gut verrühren und durchkneten. In der gemehlten Schüssel bedeckt an einem warmen Ort gut eine 1/2 Stunde gehen lassen.
Den Teig nochmals durchkneten und mit einem Tuch bedeckt weitere 15 Minuten gehen lassen.
Auf ein bemehltes Blech stürzen, leicht einschneiden und in den auf 250 Grad C vorgeheizten Backofen, unterste Schiene, einschieben.
1/2 Tasse heißes Wasser vorsichtig auf die Bodenplatte gießen.
80 Minuten bei 190 Grad C und 20 Minuten bei Nachhitze backen.

Holzfällerbrot

Vorteig:
125 g Sauerteig
1/2 l warmes Wasser
400 g Roggenvollkornmehl

Hauptteig:
800 g Roggenvollkornmehl
400 g Weizenvollkornmehl
3 gehäufte Tl. Vollmeersalz
1 Tl. Bierhefe
6 Tropfen Kümmelöl, 4 Tropfen Korianderöl, 3 Tropfen Anisöl, 3 Tropfen Fenchelöl, 2 Tropfen Cardamomöl
3/4 l lauwarmes Wasser - ca. 100 g Streumehl (Weizenvollkornmehl)

Zubereitung:
Den Sauerteig in 1/2 l lauwarmen Wasser auflösen und das frisch gemahlene Roggenvollkornmehl dazurühren. Zugedeckt bei 30 - 35 Grad ca. 12 Stunden gären lassen.
125 g dieses Vorteiges für das nächste Brot wegnehmen und in einem Glas kühl aufbewahren (ca. 8 Tage verwendungsfähig).
Das frisch gemahlene Roggen- und Weizenvollkornmehl mischt man in einer Backschüssel mit Vollmeersalz, Bierhefe und den ätherischen Ölen, drückt in die Mitte eine Mulde und gibt den Vorteig hinein. Von der Mitte aus mit dem Vollkornmehl vermengen. Das lauwarme Wasser unter ständigem Kneten zugießen und den Teig gut und kräftig durchkneten.
Den Teig herausnehmen, die Schüssel mit Vollkornmehl bestäuben und zugedeckt an einem warmen Ort 3 - 6 Stunden gehen lassen (die Zeit hängt von der Wärme ab).
Hat sich das Teigvolumen ungefähr verdoppelt und zeigt kleine Risse an der Oberfläche, knetet man den Teig auf einer bemehlten Arbeitsfläche nochmals gut durch. Zugedeckt und warm gestellt 45 - 60 Minuten ruhen lassen.
Auf ein bemehltes Backblech kippen, schnell mit Wasser bestrei-

chen und einschneiden. In den auf 250 Grad vorgeheizten Ofen 1/2 Tasse heißes Wasser gießen und das Brot auf die unterste Schiene schieben. 80 Minuten bei 190 Grad und 10 Minuten bei Nachhitze backen.

Die angegebene Menge ergibt ein gut 4 1/2 Pfund schweres Brot.

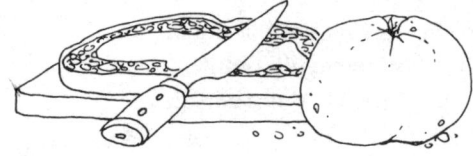

Früchtebrot

125 g Honig
4 Eier
2 Eßl. Rum
175 g Weizenvollkornmehl
1 gehäufter Teel. Weinsteinbackpulver
2 Tropfen Fenchelöl
1 Tropfen Nelkenöl
4 Tropfen Zimtöl
2 Tropfen Anisöl
175 g Haselnüsse
175 g Feigen
125 g Datteln
125 g Aprikosen
325 g Sultaninen, ungeschwefelt

zum Verzieren:
einige halbierte Mandeln

Zubereitung:
Honig, Eier und Rum schaumig rühren. Das frisch gemahlene Weizenvollkornmehl mit Backpulver und den ätherischen Ölen vermischen und die Schaummasse darunterrühren.
Haselnüsse und Trockenfrüchte unter den Teig heben.
In eine gefettete Kastenform (30 cm) geben, mit halbierten Mandeln verzieren und bei 160 Grad, unterste Schiene, ca. 1 Stunde backen.

Kräuter-Zwiebelbrot

zu beachten: 1 Tasse entspricht hier 235 ccm!
1 Tasse Wasser
1 Tasse Milch
1/4 Tasse Rohrohrzucker
1 Päckchen frische Hefe
1/4 Tasse Pflanzenöl
1 feingehackte Knoblauchzehe
3 Eßl. gehackte Zwiebeln
etwa 5 Tassen Weizenvollkornmehl
1 1/4 Teel. Salz
je 2 Tropfen Basilikum-, Oregano- und Thymianöl
1 Ei

Zubereitung:
Wasser und Milch zusammen leicht erwärmen, dann Zucker und Hefe hineinrühren.

In einer kleinen Kasserolle das Öl erhitzen und die Zwiebeln mit dem Knoblauch darin dünsten, bis sie eben Farbe annehmen.

In einer großen Schüssel die Hefemischung mit etwa 1 1/2 Tassen Mehl mit einem elektrischen Handrührgerät glattschlagen. Salz, ätherische Öle, gebratene Zwiebeln, Knoblauch und das Ei zufügen; mit der Maschine in den Teig arbeiten. Nach und nach weitere 1 1/2 Tassen Mehl zusieben und die Masse 5 Minuten durchschlagen, bis sie klümpchenfrei und cremig ist.

Noch eine Tasse Mehl zugeben, dann den Teig auf einer bemehlten Fläche 5 Minuten kneten. Dabei nur soviel Mehl verwenden, wie nötig ist, um ihn am Kleben zu hindern. Zuletzt sollte er geschmeidig-glatt und ziemlich weich sein. Eine Kugel formen, in eine geölte Schüssel geben, darin umdrehen, bis er gleichmäßig mit einer Ölschicht bedeckt ist, und ihn zugedeckt an einem warmen Ort etwa 45 Minuten gehen lassen, bis er beinahe doppelten Umfang hat.

Den Teig abschlagen und in 3 kleine Laibe formen, die in kleine geölte Kastenformen gelegt werden und nochmals 1/2 Stunde gehen müssen. Die Brote im vorgeheizten Ofen bei 190 Grad 35 Minuten backen, bis sie hohl klingen, wenn man auf ihre Böden klopft.

Bananenkuchen

200 g Vollkornweizenmehl
100 g Butter
3 Eßl. Honig
1 Teelöffel Dickmilch
1 Teelöffel Weinsteinbackpulver
2 Tropfen Zimtöl
3 ganze reife Bananen, mit der Gabel zerdrückt
100 g Rosinen in 1/8 l Wasser gekocht
2 Eier
1/2 Teelöffel Salz

Zubereitung:
Die Butter und den Honig zu einer schaumigen Masse verrühren.
Das ätherische Öl, Eier, Bananen, Rosinen und Dickmilch dazufügen. Die restlichen trockenen Zutaten dazugeben und gut durchmischen. In einer gefetteten Kastenform ca. 1 Stunde bei 160 - 180 Grad backen.

Carobkuchen

125 g Butter
450 g Mehl
3 Eier
2 Eßl. Honig
50 g Carob
3/4 Päckchen Weinsteinbackpulver
1/8 l Chicoree-Kaffee
etwas Salz
je 1 Tropfen Zimt-, Muskat-, Nelken- und Korianderöl

Zubereitung:
Die Butter mit den Eiern und Honig schaumig rühren. Das Mehl, den Carob und das Backpulver gut vermischen. In die feuchte Masse

abwechselnd etwas Kaffee und Mehl geben und gut verrühren. Die Gewürzöle dazugeben. In einer Kasten- oder Napfform ca. 50 Minuten bei 220 Grad backen.

Gewürzkuchen

50 g Butter
250 g Honig
2 Eier
3 Teel. Carob
1 Tropfen Nelkenöl
2 Tropfen Cardamomöl
375 g Weizenvollkornmehl
1 Päck. Weinsteinbackpulver
1/2 l Milch
100 g Sultaninen
100 g Feigen
50 g Datteln
50 g Haselnüsse
200 g Karotten

Zubereitung:
Die nicht zu kalte Butter mit Honig und Eiern schaumig rühren, die ätherischen Öle und das frisch gemahlene Weizenvollkornmehl, Carob, Backpulver und Milch dazugeben. Sultaninen, kleinegeschnittene Feigen, Datteln, grobgehackte Haselnüsse und die feingeriebenen Karotten darunterheben.
Eine Kastenform (30 cm) gut fetten, mit Bröseln oder gemahlenen Nüssen ausstreuen und mit dem Teig füllen.
Bei 175 Grad im vorgeheizten Ofen, unterste Schiene, backen.

Ingwerkuchen

1 1/2 Tassen Mehl
1 Teel. Weinsteinbackpulver
1 Prise Salz
1 Tropfen Ingweröl
2 Tropfen Zimtöl
1/4 Tasse Öl
1/4 Tasse Ahornsirup
1/4 Tasse Honig
1/2 Tasse Joghurt
1 großes Ei oder 2 kleine Eier

Zubereitung:
Alle trockenen Zutaten in eine große Schüssel geben und gut mischen. Alle feuchten Zutaten in eine Schüssel geben und gut mischen, zu den trockenen Zutaten geben und verrühren bis alles gut verteilt ist.
Teig in eine gefettete Kastenform geben und im vorgeheizten Backofen bei 200 - 220 Grad ca. 30 - 35 Minuten backen.

Käsekuchen

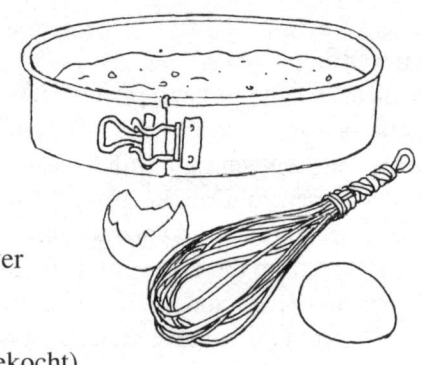

150 g Vollkornmehl
60 g Honig
65 g Butter
1 Ei
1 Teel. Weinsteinbackpulver
2 Pfd. Magerquark
200 g flüssiger Honig
1 Vanillepudding (fertig gekocht)
2 Eier
1/4 Pfd. zerlassene Butter
ca. 20 Tropfen Mandarinen-, Orangen- und Zitronenöl
1/2 l Milch

Zubereitung:
Mehl, Honig, Butter, Ei und Backpulver zu einem Knetteig verarbeiten und eine gefettete Springform damit auslegen. Den Magerquark mit Honig, Vanillepudding, Eiern, der zerlassenen Butter und den ätherischen Ölen mit einem Schneebesen verrühren, die kochende Milch dazugeben und alles glattrühren. Dünnflüssig auf den Boden schütten, in den auf 200 Grad vorgeheizten Ofen geben, 1 Stunde backen und in der Form erkalten lassen.

Linzer Torte

1 Ei
200 g feines Vollweizenmehl
1/4 l Sonnenblumenöl (1 Tasse = 200 ccm)
1/2 Tasse Honig
150 g gemahlene Haselnüsse
1 Päck. Weinsteinbackpulver
1/2 Teel. Vanilleextrakt
2 Tropfen Zimt- und ein Tropfen Nelkenöl
1 Eßl. Carob
2 Eßl. Kirschwasser
250 g Pflaumenmus zum Füllen
1 Eigelb zum Bestreichen

Zubereitung:
Alle trockenen Zutaten in einer großen Schüssel gut mischen. Dann Honig, Öl, Ei, ätherisches Öl und Kirschwasser hinzugeben und zu einem festen Teig verarbeiten. Falls der Teig zu weich ist, muß noch etwas Mehl dazu, 1/2 Stunde ruhen lassen. Mit der einen Hälfte des Teiges eine gut gefettete Springform auslegen, die andere Hälfte ausrollen und in schmale Streifen schneiden. Das Pflaumenmus auf dem Teig in der Springform verteilen und die Teigstreifen gitterförmig darüberlegen. Das Gitter mit Eigelb bepinseln. Der Kuchen wird bei guter Hitze (185 - 200) Grad 45 bis 60 Minuten gebacken.

Orangenkuchen

5 Eigelb
150 g Honig
1 Prise Salz
abgeriebene Schale einer Orange oder einer Zitrone
Saft einer Orange
1 Tropfen Nelkenöl
4 Tropfen Zimtöl
150 g gemahlene Mandeln
3 Tropfen Bittermandelöl
100 g Mehl
1 Teel. Weinsteinbackpulver
5 Eiweiß
Margarine zum Einfetten

Zubereitung:
Eigelb, Honig und Salz in einer Schüssel schaumig schlagen. Orangen- und Zitronenschale, Orangensaft, Nelken- und Zimtöl dazugeben. Mandeln, Bittermandelöl, Mehl und Backpulver mischen. Alles darübergeben und gut unterrühren.
In einer Schüssel Eiweiß zu steifem Schnee schlagen. Unter den Teig heben. Eine Springform von 24 cm Durchmesser einfetten und den Teig einfüllen.
Form auf die mittlere Schiene in den vorgeheizten Ofen stellen und bei 200 Grad 35 Minuten backen.

Kerniger Streuselkuchen

250 g Vollkornmehl
100 g Vollkornschrot
150 g gemischte Getreideflocken
1 Päckchen Weinsteinbackpulver
100 g Rohrohrzucker
2 Eier

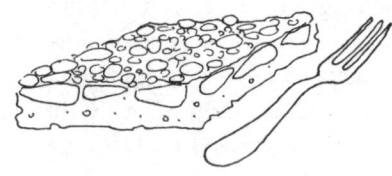

150 g Butter
100 g saure Sahne
Fett fürs Blech
ca. 1 kg säuerliche Äpfel

für die Streusel:
125 g Butter
100 g Rohrohrzucker
150 g Vollkornmehl
30 g gemahlene Haselnüsse
30 g Sonnenblumenkerne
30 g Haselnußblättchen
2 Tropfen Zimtöl
1 Tropfen Cardamomöl

Zubereitung:
Mehl, Schrot, Flocken und das Backpulver mischen, in die Mitte
eine Mulde drücken. Zucker, Eier, Butter in kleinen Flöckchen,
saure Sahne und ätherische Öle hineingeben. Vom Rand her alles
rasch zu einem glatten Teig verarbeiten. Ein Backblech fetten, den
Teig darauf verteilen und glatt verstreichen.
Äpfel schälen, in Spalten schneiden. Die Kerngehäuse dabei entfer-
nen. Apfelspalten gleichmäßig auf die Teigoberfläche legen.
Für die Streusel Butter und Zucker schaumig rühren. Mit den
Händen Mehl und gemahlene Nüsse unterkneten, bis eine krüme-
lige Masse entsteht. Die Sonnenblumenkerne und die Nußblättchen
untermischen. Die Streusel über den Kuchen verteilen.
Bei knapp 200 Grad auf der zweiten Schiene von unten in 40
Minuten goldbraun backen.

Haselnuß-Lebkuchen (30 Stck.)

3 Eier
300 g Honig
375 g Haselnüsse (gerieben)

90 g Feigen (kleingeschn.)
90 g Datteln (kleingeschn.)
3 Tropfen Zimtöl
2 Tropfen Macisöl
2 Tropfen Cardamomöl
1 Tropfen Muskatöl
1/2 Teel. Weinsteinbackpulver
30 Oblaten, Durchmesser 7 cm

zum Verzieren:
Haselnüsse

Zubereitung:
Die Eier mit dem Rührgerät schaumig schlagen, dann langsam den Honig dazugeben.
Die geriebenen Haselnüsse mit dem Backpulver, den feingeschnittenen Trockenfrüchten und den ätherischen Ölen vermengen und unter die Schaummasse rühren.
Den Teig auf Oblaten streichen, mit Haselnüssen in der Mitte verzieren und über Nacht trocknen lassen.
Auf einem ungefetteten Blech bei 170 Grad 25 Minuten, mittlere Schiene, backen.

Herzchen

150 g Ahornsirup
250 g Weizenvollkornmehl
150 g Butter
150 g feingeraspelte Mandeln
50 g Buchweizenmehl
1 Teel. Weinsteinbackpulver
etwas Salz, Vanille
2 Tropfen Corianderöl

Zubereitung:
Alle Zutaten zu einem Teig verarbeiten und dünn ausrollen. Mit

Herzchen oder Karos ausstechen, auf ein gefettetes Backblech setzen und bei 220 Grad ca. 15 - 20 Minuten backen.

Honigplätzchen

30 g Butter
3 Eßl. Honig
1 Teel. Weinsteinbackpulver
70-100 g Weizenmehl (Vollkorn)
1 Tropfen Zimtöl
1 Tropfen Muskatöl und 1 Tropfen Cardamomöl
50 g feingeriebene Mandeln

Zubereitung:
Den Honig mit der Butter im Wasserbad erwärmen. Dann den Rest der Zutaten zufügen und soviel Mehl nehmen, daß der Teig noch klebrig ist. Ausrollen, ausstechen, auf ein gefettetes Blech setzen und ca. 20 - 25 Minuten bei 220 Grad backen.

Knecht Ruprechts Pfefferkuchen

1000 g Weizenvollkornmehl
5 Tropfen Cardamomöl
5 Tropfen Zimtöl
2 Tropfen Nelkenöl
2 Tropfen Pfefferöl
1 Pck. Weinsteinbackpulver
2 Eier
1000 g Honig
330 g Wasser

zum Verzieren:
halbierte Mandeln

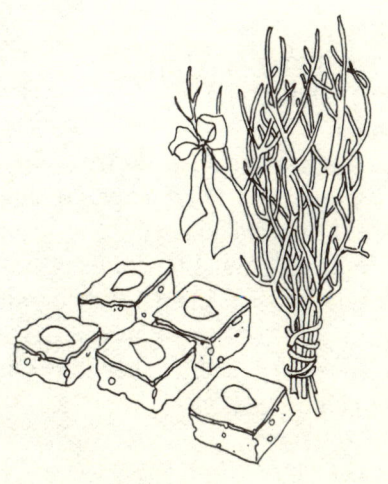

Zubereitung:
Das frisch gemahlene Weizenvollkornmehl in einer Schüssel mit den ätherischen Ölen und dem Backpulver mischen.
Eier und Honig mit dem Rührgerät schaumig rühren und das Wasser dazugeben.
Dieses Gemisch unter das Vollkornmehl rühren und auf ein gut gefettetes Backblech gießen. Mit halbierten Mandeln dekorieren.
Bei 175 Grad C auf der untersten Schiene 30-40 Minuten backen.
Noch warm in Stücke schneiden.

Nußprinten (30 Stück)

175 g Honig
50 g Butter
2 Eßl. Milch
250 g Weizenvollkornmehl
2 Teel.Weinsteinbackpulver
3 Tropfen Anisöl
3 Tropfen Zimtöl
1 Tropfen Nelkenöl

zum Verzieren:
250 g halbierte Haselnüsse
1 Eiweiß

Zubereitung:
Honig, Butter und Milch zusammen erwärmen, glattrühren und erkalten lassen.
Das frisch gemahlene Weizenvollkornmehl mit Backpulver und den ätherischen Ölen unter die abgekühlte Honigmasse rühren.
Über Nacht ruhen lassen, dann 1/2 cm dick ausrollen, in Streifen schneiden und auf ein gefettetes, bemehltes Backblech legen.
Mit Eiweiß bestreichen und dicht mit halbierten Haselnüssen belegen.
Im vorgeheizten Ofen bei 200 Grad, mittlere Schiene, ca. 15 Minuten backen.

Pfauenaugen (30 Teile)

250 g Weizenvollkornmehl
75 g Haselnüsse
1 Tropfen Bittermandelöl
3 Tropfen Zimtöl
2 Tropfen Nelkenöl
1 Msp. Vanille
100 g Honig
1 Ei
120 g Butter

zum Verzieren:
1 Eidotter und 1 Teel. Wasser
90 g geschälte und gehackte Mandeln

zur Füllung:
Johannisbeermarmelade (ohne Zuckerzusatz)

Zubereitung:

Das frisch gemahlene Weizenvollkornmehl mit den geriebenen Nüssen und den ätherischen Ölen mischen, Honig und Ei darin verrühren, die kalte Butter darüber schneiden und alles rasch zusammenkneten. Den Teig 1 Stunde ruhen lassen.

Den Teig dünn auswalken, mit einem Glas runde Plätzchen ausstechen. Aus der Hälfte der Plätzchen die Mitte ausstechen, so daß Ringe entstehen.

Auf ein ungefettetes Backblech dieselbe Menge Plätzchen und Ringe legen. Die Ringe mit Eidotter bestreichen und mit den feingehackten Mandeln dicht bestreuen.

In den vorgeheizten Backofen schieben, mittlere Schiene, und bei 175 Grad ca. 10-15 Minuten backen. Herausnehmen, die Plätzchen gleich mit Johannisbeermarmelade bestreichen und die Ringe daraufsetzen.

Spekulatius (120 Stück)

250 g Butter oder Margarine
250 g Honig
1 Ei
5 Tropfen Zimtöl
je 2 Tropfen Nelken- und Cardamomöl
1 Prise Salz
375 g Vollkornmehl
Vollkornmehl zum Ausrollen
Margarine zum Einfetten

Zubereitung:
Butter oder Margarine schaumig rühren - Honig und Ei, Zimt-, Nelken-, Cardamomöl und Salz hinzugeben und verrühren. Etwas Mehl hinzufügen, den Rest unterkneten. Teig zugedeckt über Nacht ruhen lassen.
Model mit Mehl ausstreuen. Ein Stück Teig darauflegen und ausrollen. Überstehenden Teig abschneiden. Anschließend den Spekulatius aus dem Model nehmen.
Backblech mit Margarine einfetten, den Spekulatius darauflegen und im vorgeheizten Ofen, mittlere Schiene, bei 200 Grad 10 Minuten backen.

Vollkornwaffeln (8 Stück)

200 g Vollkornmehl
1 Teel. Trockenhefe
2 Tassen Milch
60 g Butter
1-2 Eßl. Honig
abgeriebene Schale und Saft von 1 Zitrone (unbehandelt)
4 Tropfen Zimtöl
2 Eiweiß

2 Eigelb
Margarine für das Waffeleisen

Zubereitung:
Das Vollkornmehl mit der Trockenhefe mischen; die Milch leicht erwärmen und die Butter darin zergehen lassen. Den Honig beifügen. Lauwarm mit dem Mehl verrühren und 1 Stunde quellen lassen. Mit der Zitronenschale, dem -saft und dem Zimtöl würzen. Die Eiweiß halb steif schlagen, die Eigelb kurz darunter schlagen. Unter die Mehlmischung rühren. Den Waffelautomaten einfetten und auf Stufe 3 anheizen. Goldgelb backen.

Weihnachtsstollen

150 g ungeschwefelte Sultaninen
6 Eßl. Rum
100 g Mandeln
1/8 bis 1/4 l Milch
1 Würfel Hefe
75 g weiche Butter
250 g Magerquark
100 g Honig
2 große Eier
100 g Feigen
50 g Datteln
abgeriebene Schale von 1/2 Zitrone (unbehandelt)
5 Tropfen Zimtöl, 3 Tropfen Muskatblütenöl, 4 Tropfen Cardamomöl
420 g Weizenvollkornmehl
1 Eigelb
2 Eßl. Milch
Butter für die Form

Zubereitung:
Die Sultaninen im Rum zugedeckt ziehen lassen. Die Mandeln grob

hacken. Die Milch auf 30 Grad erwärmen, die Hefe hineinbröckeln und verquirlen. Butter und Quark schaumig rühren. Honig, Eier, Datteln, Feigen, Zitronenschale, ätherische Öle und die gehackten Mandeln unterarbeiten. Weizenvollkornmehl abwechselnd mit der Hefemilch unter den Teig rühren. Mit der Küchenmaschine kräftig durchkneten. Zugedeckt auf das Doppelte aufgehen lassen (etwa 40 Minuten). Kastenform einfetten, Sultaninen unter den Teig mischen, diesen in die Form füllen und glattstreichen. Zugedeckt nochmals etwa 20-30 Minuten gehen lassen. Das mit 2 Eßl. Milch verrührte Eigelb auf den Stollen streichen. Backofen auf 190 Grad vorheizen, gleichzeitig eine flache Schale mit Wasser auf den Backofenboden stellen. Den Stollen auf der untersten Leiste einschieben und bei 190 Grad etwa 1 Stunde backen.

Zimtflocken-Plätzchen

150 g Weizenvollkornmehl
1 Teel. Weinsteinbackpulver
150 g Vollkornhaferflocken
100 g ungeschwefelte Rosinen
1 Ei
3 Eßl. Honig
2 Eßl. kaltgepreßtes Öl
2-3 Eßl. Milch
1 Prise Salz
2 Tropfen Zimtöl

Zubereitung:
Milch, Ei, Öl, Honig und Zimtöl mischen. In einem zweiten Gefäß alle trockenen Zutaten mischen. Dann den Inhalt der beiden Schüsseln zusammengeben und gut kneten. Der Teig ist sehr klebrig, aber so fest, daß man ihn schon mit der Hand formen kann. Kleine Plätzchen formen und auf ein Backblech setzen, bei 220 o C ca. 15-20 Minuten backen.

Hafer-Grünkern-Brötchen (20 Stück)

200 g Hafer (gemahlen)
300 g Grünkern (gemahlen)
250 g Weizenschrot
1 1/2 Teel. Meersalz
50 g Natursauerteig
etwas Honig
3 Tropfen Kümmelöl
3 Tropfen Corianderöl
2 Tropfen Fenchelöl
1 Würfel frische Hefe
1/2 l lauwarmes Wasser
2 Eßl. Mehl für die Arbeitsfläche
Haferflocken, Weizenschrot und Grünkern zum Bestreuen

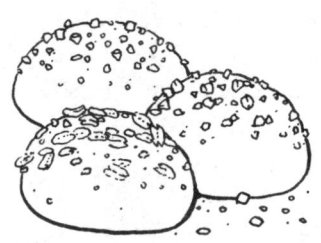

Zubereitung:
Die ätherischen Öle, Hafer- und Grünkernmehl, Weizenschrot, Salz und Sauerteig in einer Schüssel mischen. Honig zufügen. Hefe im Wasser auflösen und dazugießen; zu einem festen Teig kneten. Sollte er zu fest sein, noch etwas Wasser zufügen und unterkneten. Teig abdecken und etwa 1 Stunde gehen lassen. Anschließend aus der Schüssel nehmen und auf der mit Mehl bestreuten Arbeitsfläche noch einmal mit den Händen durchkneten. 2 Backbleche mit etwas Mehl bestäuben. Aus dem Teig 20 Brötchen formen und auf die Backbleche setzen. Mit einem Tuch abdecken und noch einmal 30 Minuten gehen lassen. Den Backofen inzwischen auf 200 Grad vorheizen.
Die Brötchen auf der Oberfläche mit etwas Wasser einpinseln und nach Belieben mit Haferflocken, Weizenschrot und Grünkern bestreuen.
Die Bleche auf mittlerer Höhe in den Ofen schieben und die Brötchen 25-30 Minuten backen.

Nachwort

Allen Köchinnen und Köchen, die sich in das Wunderland der ätherischen Öle begeben haben, wünsche ich noch viel Freude auf den immer neuen Entdeckungsreisen. Der Phantasie sind keine Grenzen gesetzt im Erfinden von immer neuen Gerichten und Getränken.

Anfragen, die ätherischen Öle betreffend, richten Sie bitte an:
Buntspecht, Naturwarengroßhandel
Lindenstr. 14
8079 Pfalzpaint
oder an
Regenbogen
Königswarterstr. 21
6000 Frankfurt 1.

Literaturverzeichnis

Birk, D. u. a.: Das große Vollwertkochbuch, München 1988
Brown, E.: Das Tassajara Brotbuch, Freiburg 1976
Buchner, G.: Kochen für mich, Schaafheim 1987
Buhl, K.: 365 Tage Vollwertkost, 3 Bde., Halblech 1986
Bustorf-Hirsch, M.: Die feine Vollwertküche, Niedernhausen 1988
Bustorf-Hirsch, M./ Siegel, K.: Biologisch Kochen, Niedernhausen 1988
Danner, H.: Biologisch kochen und backen, Düsseldorf 1989
Danner, H.: Die Naturküche, Düsseldorf 1989
Eichborn, B. v.: Rohkost und Salate aus der Vollwertküche, München 1988
Früchtel, I.: Das vegetarische Kochbuch, München 1986
Früchtel, I. Vollkorn Kochbuch, München 1986
Früchtel, I.: Vollwertkost auch für Einsteiger, München 1988
Handschmann, J.: Aufläufe aus der Vollwertküche, München 1988
Handschmann, J.: Vollkorn-Kuchen für Genießer, München 1988
Hunt, J.: Italienische Gaumenfreuden, Rheinberg 1987
Kleiner-Röhr, Ch.: Vollkorn, Honig, Mandelkern, Weil der Stadt 1986
Kleiner-Röhr, Ch.: Vollwert-Leckerbissen, Weil der Stadt 1988
Kolster, U.: Alternativ essen – Die gesunde Soja-Küche, Niedernhausen 1988
Kurz, M.: Vollkornbrote selber backen, München 1988
Laridon, T./ Maes,W.: Makrobiotisch kochen, München 1983
Leitzmann, C./ Million, H.: Vollwertküche für Genießer, Niedernhausen 1988
Meyer, A.: Köstlichkeiten aus der Pflanzenküche, Hopferau 1985
Meyer, A.: Neue Vollwertzaubereien, Aerzen 1988
Meyer, A./ Meyer, B.: Zum Spaß vegetarisch, Auetal 1986
Nöcker, R.: Makrobiotische Küche, München 1980
Nöcker, R.: Körner und Keime, München 1983
Raffelt, R.: Meine Vollkornbackstube, Niedernhausen 1982
Rias-Buchner, B.: Natürlich kochen – köstlich wie noch nie, Mün-

chen 1988

Rittinger, E.: Das biologische Vollwertkochbuch, München 1985

Rittinger, E.: Süßes aus der Vollwertküche, München 1987

Roßmeier, A.: Süße Vollwertküche, Niedernhausen 1988

Sahni, J.: Das große vegetarische indische Kochbuch, München 1987

Shurtleff, W./ Aoyagi, A.: Das Tofu Buch, München 1988

Walz, S.: Meine Vollkornküche, Niedernhausen 1987

Weber, M.: Naturküche, München 1986

Weber, M.: Das neue Vollkornbackbuch, Weil der Stadt 1986

Ätherische Öle
Aromalampen

Die Anwendungsmöglichkeiten für Aromen im täglichen Leben sind vielfältig, wie uns dieses Buch in anschaulicher Weise vor Augen führt.

Unser Angebot von 150 verschiedenen, 100 % reinen ätherischen Ölen bester Qualität, läßt Sie bestimmt keine Essenz Ihrer Wahl vermissen.

Dazu haben wir ein großes Sortiment schöner, preiswerter Aromalampen im Angebot. (Einen ausführlichen Prospekt erhalten Sie auf Anfrage)

Buntspecht
Naturwarengroßhandel

Lindenstr. 14 ▪ 8079 Pfalzpaint
Tel.: (0 84 26) 6 43 ▪ Fax: (0 84 26) 18 14

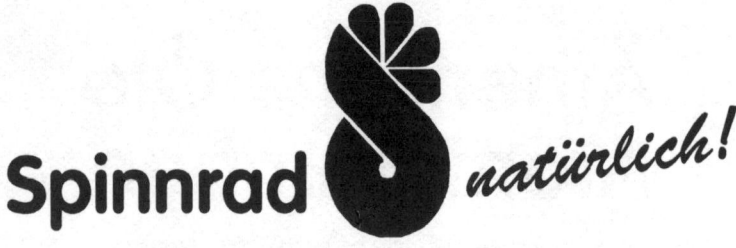